第六感
に目覚める
7つの瞑想 CDブック

コレット・バロン-リード
島津公美［訳］

ダイヤモンド社

REMEMBERING THE FUTURE
by
Colette Baron-Reid

English Language Edition published in 2006 by Hay House Inc.
Japanese translation published by arrangement with Hay House UK Ltd.
through UK Ltd. through The English Agency (Japan) Ltd.

CD「第六感に周波数を合わせる7つの瞑想」について

コレット・バロン - リード

訳：島津公美

ナレーション：瀬乃加奈子

このCDには、本書の15～21章で紹介している7つのエクササイズとともに実践すると効果的な、7つの誘導瞑想が収録されています。

瞑想は難しいと感じたことのある人は、ぜひCDを聴きながらやってみてください。

このCDでは、瞑想に入りやすくなるよう、ナレーションのバックに、音楽とともに波音や川のせせらぎ、鳥のさえずりといった自然音も収録されています。

内容

1：真実の瞑想　〔10：15〕

2：敬意の瞑想　〔07：08〕

3：謙虚の瞑想　〔10：41〕

4：勇気の瞑想　〔07：47〕

5：許しの瞑想　〔09：00〕

6：静寂の瞑想　〔06：34〕

7：愛の瞑想　　〔08：33〕

私たちは誰もがみな、宇宙が発信している第六感につながることのできるチャンネルを備えて生まれてきています。それに周波数をきちんと合わせられれば、あなたは送られてくる大切な情報をクリアに受け取ることができます。

しかし、エゴは私たちが第六感からの電波を受け取ろうとするのを邪魔します。エゴは、私たちに雑音しか耳に入らないようにし、第六感を無視するように促します。そんなエゴを自分でコントロールして小さくすることができればできるほど、第六感に周波数を合わせ、そこから自在に必要な情報を引き出すことができるようになるのです。

７つの瞑想を実践することで、あなたが第六感を受け取るのを妨げているものを取り除いてください。すると、他から切り離されて一人きりでいるような感覚や自分だけよければいいという自己中心的な感覚を薄れさせて、周りとのつながりを取り戻し、他人や自分の人生、さらには見えざる大いなる力の存在をたやすく受け入れられるようになるはずです。

はじめに――第六感は人生を豊かにする

私は、第六感（直観とも言う）で感じる出来事の意味を子どもの頃から探し求めてきました。明らかに、世の中とはこういうものだと周りから教えられる（あるいは許されている）以上の現実があるに違いないという考えにどうしてもたどり着くのです。

幼い頃から、周りの人にとっては簡単には受け入れがたいのに、自分にとってあまりにも自然な出来事をどう説明したらいいいかと苦労してきました。私は戸惑いながら半生を過ごし、強い孤独を感じていました。

17年間、直観能力カウンセラーとしてたずさわり成功した今、母や祖父の教えを押しつけられて苦労した子ども時代を振り返ってみると、そんな経験をした人生こそ、たぐいまれな第六感を私に与えてくれたのだとわかります。

本書では、本当のあなた、つまり人間の体の中にいるスピリットには五感だけでなく第六感もちゃんと備わっていることを認識してもらいたいと思っています。

世界29か国に及ぶ2万人近くの人生をリーディングし、第六感で感じたことを伝えることができる自分は大変恵まれていると思っています。主婦、芸術家、医師、政治家、そしていわゆるセレブな人たちまで、実にさまざまな人々と親しくさせてもらっていますが、自分自身の経験だけでなく、出会った人たちから学んだ基本的なことを述べたいと思っています。

❶第六感は、例外なく誰にでも与えられています。それは、あらかじめセットされたラジオのチャンネルのようなもので、生まれながらに与えられた感覚です。五感で受け取る感覚以外のものにチャンネルを合わせれば、内なるラジオの第六感からメッセージを受け取ることができます。

❷受け取るメッセージは、一人ひとり異なっています。ですが、何も複雑なことではありません。

❸第六感にアクセスするとは、自分が現実だと思い込んでいる思考を取り除き、生まれながらに持つ自分の無限の可能性につながることです。私たちは自然に、何の制限もなく宇宙につながることができます。逆に言えば、目で見、耳で聞き、味わい、触れ、嗅《か》いでいるという

五感で感じている境界線はただの幻想でしかありません。自らの第六感を通して、自分のいる世界より広大な宇宙にアクセスできるとすれば、私たちが互いに異なっているという考えさえ幻想なのです。

❹ある人の現実は、「私」というエゴが感じているもので、他人や聖なる存在と自分とを分けてしまいます。人は互いを区別することに夢中になりがちですが、それとは逆に自然に備わった第六感の力は互いにつながってひとつになることです。

❺私たちは本来、すべてのものや人とつながっています。もちろん、健全な意味での自立心や独自性というのは大事ですが、本来スピリチュアルなものに自分を他と区別する境界線など存在しません。他との境目などないのだとわかれば、「自分対他人という図式」のすべての活動に疑問を投げかけることにもつながります。私たちは、生物圏の一部であり、あらゆる思考、言葉、行動に互いに影響を与えながら生きています。

私が経験を通して教えられたこれらの真実は、常識をはるかに超えた膨大なメッセージでした。つまり、自分の人生には、意識している以上に深い意味があるのです。

私も最初、自分の人生は自分のものだと思っていましたし、そうやって生きてきました。ところが、思うようにいかない出来事や状況が起こって初めて、世の中がもっとはっきりと見えるスピリチュアルなレンズ（視点）があることを知ったのです。私は、自分の限られた視点やアイデンティティにはない異次元にある現実、スピリチュアルな世界が絶対にあるはずだと思うしかないような経験を積み重ねてきました。第六感はその世界にあります。

この20年間、世界中の人々が経験している共通の事柄について、どう説明すればいいかをずっと追い求めてきました。私自身の第六感で経験したことを、同じような経験をしたという人と分かち合ってわかったのは、第六感的な経験は誰しも日常の中に起こっているということでした。ただ、ほとんどの場合、そんな経験をしてもどうとらえていいかわからず、どんな意味があるのかを理解できずにいるのです。

私も最初から理解できたわけではなく、自分が一般社会の基準とは違う〝外れ者〟である、あるいは最悪、迫害されてしまうのではないかという思いに恐怖を感じて苦しんでいました。私にとっての第六感は、まるでブ～ンと音を立てて周りを取り囲んでいるもののように感じられ、かつては、どこかに行っちゃってよ、ほっといて、そんなはずがないじゃない！　とばかりに追い払っていました。

世の中の主な価値観に合わせた現代的な教えを受けてきた私は、自らの経験をその教え通りに理解してきました。いわゆる科学だけが信じるに足ると教えられてきたのです。感覚について語ることも、何かが聞こえる、何かが見えた、あるいは同じ夢を繰り返し見ていることなど口にもできなかったので、自らの第六感にアクセスする手立てがなかったのです。

あなたの内なる知恵とつながっている第六感は、感情や心に残るいまだきちんと整理できていない重荷によって遮られてしまうことがあります。ですから、誰もが第六感を授かっているからといって、それを全員が発揮できるわけではありません。

そのことに気づき、本書に書いた7つの原則（真実、敬意、謙虚、勇気、許し、静寂、愛）を通じて魂を浄化すると、私の魂に与えられていた奇跡の才能が大きく花開きました。第六感を取り戻すにはまず、スピリットからの光を遮るエゴにまみれた澱《よど》みを浄化しなくてはなりません。与えられた能力をできるだけ簡単に取り戻して、自らのスピリチュアルな感覚を目覚めさせるのが本書の目的です。

自らの第六感にアクセスできるようになると、人生は計り知れないほど豊かになると私は信じています。失われた能力を取り戻せば、日々の経験からさらに深い意味のある恵みを受けることができるのです。

第六感を取り戻すと、魂が体に宿っているのではない、私たちが魂に包まれて生きていることに気がつくでしょう。

本来スピリチュアルな存在である私たちは、神の息吹によって「土から生まれて土に還る」人間という役割を自然界で果たしながら生きているのです。

第六感に目覚める7つの瞑想CDブック

目次

第Ⅰ部　私のストーリー

1章　月の影響を受けていた私

夜空に光る月を思うとき、私は第六感のことを思い出します。

月と第六感はとても似ているように思えます。月には世界中の水を動かしてしまうほどのパワーがあり、人間にも影響を与えていると考えると、とても不思議な生物のような感じがします。月がなければ暗い夜を導いてくれるものもいないし、潮の満ち引きも起こらないのですから。

私が月に大きな影響を受けているのに最初に気がついたのは、母でした。私は蟹《かに》座なので、月に影響を受けやすいのです。2歳ぐらいから4歳になるまで「眠っていると月が話しかけてくるの」と訴える私のせいで、両親は夜、一睡もできなかったそうです。

私は眠ったまま廊下を歩きながら、想像の世界のお友達と一緒に大声で笑っていたそうです。母は、私がそんなふうになるのは月に1度、満月の夜だけだったと言っていました。

物心つく前から聞こえてきた声

どこからか聞こえてくる声に気がついたのは、私が4歳のときでした。母の目が届かないときに私がしたことに対して、母がどう反応し、何を言うかが、頭の中で繰り返し聞こえてくるようになったのです。何かをしでかした私に対して母が発する言葉は、驚いたことに数分前に私の頭の中に響いた声と語調までそっくりだったのです。

母によると、私は4歳になるかなり前、よだれかけをしてベビーチェアに座る頃から、そうやってゲームのようにして遊んでいたそうです。食事のときにちょっと目を離したら、ゼリーやクリームがけのホウレンソウ、あるいはソースたっぷりのパスタを頭からかぶり、それが頭や頬、床にしたたり落ちる中、小さな顔でにっこり笑いながら、まるでこれからショーが始まりますよ、と言わんばかりにうれしそうに喉を鳴らしていたといいます。私は母の反応をじっと観察していて、期待通りに母が反応すると、ベビーチェアから頭をのけぞらせて笑っていたそうです。母は私のことを「本当に変な子だわ」と言っていました。

物心つく頃から、私はこれから起こることがわかるようになっていました。ときに、どうでもいいようなことでイメージが湧くこともありました。

例えば、母がどんなふうに私に向かって叫ぶかもわかっていましたし、父がツナ缶を買って帰るのを忘れるのも、両親がこれから数日後、朝食のときにどう口喧嘩するかも全部知っていました。

私はいつも男女の人形を両親に見立てて遊びながら、自分に聞こえてきた両親の会話を人形に演じさせていたのですが、それから数日後（ときには数時間後）、父と母は人形に演じさせた通りのシーンを繰り広げるのです。

ときにはもっと単純なこと、例えば大好きなケーキがパン屋さんに並ぶのが前日にわかったりもしました。けれどもそのパン屋のご主人が、翌年の秋には亡くなってしまうのがわかったことがありました。その夏、私は母に「パン屋さんがいなくなって寂しくなるわ、あんなにあのケーキをおいしく作れる人はいないから買いだめしなくちゃね」と言ったことを覚えています。母は意味がわからず、ケーキを買いだめする必要などないと言い張り、私は絶対に正しいのに誰も言うことを聞いてくれない！　と頭にきました。

私にとっては、これから起こることがわかるのはいつものことだったので、自分が人と違っているなど考えたこともなかったのです。私はまだ起こっていないことは知っていても、自分が人と違うことには気がつけなかったのです。そして、母の友人のプライベートなことがわかってしまったときにも同じようなことがありました。

あるとき、母の友人が付き合っている男性の名前を口にしたせいでひどく叱られ、自分の部屋に閉じ込められました。

私の頭の中には、『ポール、ポール』という名前が聞こえていました。ポールはやがて彼女のもとを去っていくとわかったので、母の友人に向かって「ポールがいなくなっても悲しまないでね。ポールは戻ってくるわ。トイレに落ちちゃっただけだから」と言ってしまったのです。

すると母は、すくっと立ち上がって私のお尻を強く叩くと、「2階に行きなさい！　お客さまが来ているときには絶対に口を開いてはいけません」とひどく叱りました。母が叱ったのは、その前日の友人との電話を私が盗み聞きしたのだと思い込んだからだと知ったのは、それから25年もしてからのことでした。ポールは（トイレなどの）配管の仕事をしており、また友人はポールのことを電話で「くそ野郎！」とののしっていたそうです。私を部屋に閉じ込めてまもなく母は、電話は私が幼稚園に行っていた間のことだから盗み聞きできるはずがないと気がついたのですが、それでも私は部屋に閉じ込められたままでした。

私の人生は、こんなふうに始まったのです。必ずしもみんなが私と同じ経験をしているわけではないと気がついたのは、私が引きこもって人を避け始めてまもなくのことでした。

夢が明らかにした家族の秘密

3歳から5歳になるまで、私は同じ内容の悪夢を繰り返し見ました。炎が上がると灰が雲のように舞い上がって、破壊された町に銀色の気球が爆弾を落とし、痩《や》せ衰えた人が大きなオーブンで焼かれていると、もう一人の痩せた男性が泣きながら焼かれた人の歯の金属をテーブルの上に取り出している……、そんな夢をそれこそ何度も何度も見たのです。

私がその悪夢をよく覚えていたのは、嗅いだことのないひどい悪臭がしていたからですが、それは一般的に死の匂いと表現されているそうです。私がその夢を見るのは決まって満月の頃で、だからその頃になると家族には緊張が走りました。そばにいるだけの母に私は、なぜ母は私を慰めてくれないんだろう？　なぜ、抱きあげたり、抱きしめたりしてくれないんだろう？と思っていました。夢の話のせいで母まで怖がらせているのはわかっていましたが、それでも自分の悪夢が母まで怖がらせてしまう理由が私には理解できませんでした。

もちろん、悪夢を見ていた当時、ホロコーストのことも、両親が第二次世界大戦で多大な犠牲を払ったこともまったく知りませんでした。ヨーロッパ生まれの私の両親は、自分たちが目にした痛々しい過去を忘れたくてカナダに逃げてきたのです。母はホロコーストの記憶に苦しんでいたので、母にとって私の悪夢はただの夢ではなく、戦時中のベルリンでの実体験と重なってしまったのです（夢の中の男性は、ダッハウの強制収容所で殺された私の祖父だったのでしょう）。

こうした経験を秘密にしていた母は、当然幼い私に話すこともなかったのに、それを私は夢で見てしまったのです。私が夢で見た銀色の気球、ツェッペリン型飛行船は、母が住んでいた町に爆弾を落としました。また、夢の中のテーブルの上の歯は、実際に強制収容所で亡くなった人たちの歯から取り出された金の詰め物で、ナチス親衛隊の妻のアクセサリーになるなどナチスとの取引に使われることもあったそうです。

クリスチャンとして育てられた私は20歳になる頃まで、自分にユダヤ人の先祖がいることを知らされていませんでした。それでも満月の夜になると、幼い頃のように架空の友達と話をして笑う代わりに、今度は自分の親族に起こった恐怖に満ちた夢を繰り返し何度も見ていたのです。

2章　人とは違う

4歳の頃から、私は姉とトロントにある、どちらかというと裕福な白人上流階級の子どもが通う英国国教会が設立した私立学校に通っていました。

学校生活は楽しいこともありましたが、先生からは両親がカナダ人ではないことで軽んじられ、実際、私たちは移住先に本当の意味で受け入れられてはいなかったのです。私は学校にいる間中、年配の学校職員には嫌々受け入れられているように感じていました。

サイキックに予見された私の運命

私は自分が周りになじんでいないという感覚をどうにか処理しなくてはなりませんでした。乳母として雇われたスコットランド人のミセス・ケリーがやってくるまでは毎日が大変でした。

彼女は当時すでに70代でしたが、素晴らしく面倒見がよかっただけでなく、本物のサイキック（霊能力者）でした。母が家にいないときには、台所のテーブルでカードを使って私たちの未来や家を訪れる人たちの話をして楽しませてくれました。

私は彼女が心から大好きでした。彼女は一風変わった女性で、ラベンダーとスミレの香りがする熱心なギャンブラーで、スコットランドとアイルランドの強い訛《なま》りをしわがれた声で話す人でした。彼女は自分には第六感があるから競馬で勝てるのだ、と信じていました。勝つ馬の名前をそっと教えてくれるスピリットがいるのよ、と言っていました。

ミセス・ケリーは、自分のサイキック能力を隠すことなく、私たちによくスピリットの世界の話をしてくれました。そして、私にも才能があると明言したのです。

もちろん、彼女に見えたことを子どもの私にもわかりやすいように話をしてくれましたが、どうやら私が自分の生き方を見出すまでに起こる運命を感じ取っていたようで、こんなふうに語ってくれました。

「あのね、いい？　トンネルは長いかもしれないし、恐ろしいことが起こるかもしれないけど、必ず天使があなたを見つけてくれるわ。気がついたら嵐の海の中にいるかもしれないけど、絶対にあなたは溺《おぼ》れない、そう、あなたは溺れないのよ。私には見えるわ。あなたにはいつも『見える』はずよ。ね、『見える』って意味、わかるわよね？」

もちろん、幼い私が知りたかったのは、いつになったら素敵な王子様が現れるのか、結婚できるか、子どもを産めるか、お金持ちになれるか、ということでしたが。けれども彼女はいつも真面目な話をしたがり、私を心配してくれていたのを覚えています。私が初めてお酒を口にするずっと前に、こう忠告してくれていたのです。

「お酒には注意しなくてはなりませんよ。自分が飲むものには注意してね」

当時、私にはその言葉の意味がまったくわからず、母が買ってきたひどい味のするジュースのことを言っているのだと思っていました。

ミセス・ケリーの見立て通り、私は「見る」能力を授かっていたのです。私が彼女に、「他の人には見えない光がみんなの頭上に見えるのはなぜ?」と尋ねるに至って、彼女はオーラについて説明してくれました。また、「私が裏庭で会ったのが妖精かどうかなんて母に聞いたら、きっと叱られるわ」とミセス・ケリーに言うと、彼女は笑いながら「あなたは絶対に妖精を見たのよ」と言ってくれました。

私はいつも目の隅に、トンボに似た姿で人間の特徴を併せ持つ妖精などの存在をとらえていましたが、その存在は私に話しかけてくるのに、まっすぐ見つめようとすると姿を消してしまうのです。誰が何と言おうとも妖精はいるのだと私は思っていました。だって、ミセス・ケリーが妖精は本物で、作り話ではないと教えてくれたのですから。

「人の周りに本当にいつも光が見えるの」とミセス・ケリーに訴えると、それは本人の魂や魂が放つオーラだと詳しく説明してくれました。同時に、妖精や光が見えることは他の人には秘密にしておいたほうがいいとも言いました。

ある日、ミセス・ケリーが母に向かって、私には「見る」能力があると言っているのが聞こえてきましたが、母はまるで大きな秘密であるかのように、ミセス・ケリーに声を落とすように頼んでいたのをはっきりと覚えています。

そのときには、どうして小声でしか話せないことなのかがわかりませんでしたが、きっとミセス・ケリーは私には眼鏡をかける必要はないと母を説得してくれているのだと思いました。大きくなるにつれ、ミセス・ケリーも母も私の視力の話などしていなかったことに気がつきました。それでも、なぜ自分の第六感という能力をひた隠しにしなくてはならないのか、なぜ母はその能力を快く思っていなかったのかが理解できませんでした。

私はいつも、周りから伝わってくる感情や心に圧倒されつつ、自分がどこにも属していないのだと感じないように一生懸命なじもうと苦しんでいました。私はまるで現実から隔離するガラスに手を押し付けて外の世界を見つめているかのように落ち着かなかったのです。外の世界はのぞけても、決してガラスの向こう側の世界に属することはなかったのです。でも、1か所だけ外の世界に飛び出せたかのような気持ちになる場所がありました。それは教会でした。

「神の名において」の偽り

教会に行くと、キリストの生涯を描いたステンドグラスに魅了されました。聖人の絵を見るのも好きでした。私にはみんなの頭の周りに聖人の後光と同じようなものが見えていましたから、まるですべての人が聖なる存在なのだと思えて驚きました。

また、神と同じぐらい大好きだったのは教会の音楽でした。歌詞の意味はわからなくとも、歌っているときは最高に幸せでした。きっと直観的に自分が神とともにあると感じられたからだと思います。教会で讃美歌の本を手にして座っていると、自分は受け入れられている、自分の言葉が聞き届けられている、と感じられたのです。そして、ハーモニーを作り上げるには、どんな音階も必要なのだ、さまざまな音階の奏でるハーモニーに自分が加わっているのだと思えました。

やっと私は自分の居場所を見つけた気がしました。ところが、宗教が、人々をひとつにするためではなく、人を分けるためのものだと気がついたのは小学3年生のときでした。

両親は、私立学校の先生が気に入らず、一時的に私をカトリックの学校に転校させました。その学校で私は、カトリック教徒ではない三人の生徒のうちの一人でした。転校先の学校の修道女に魅了された私は、学校が大好きになりました。ミサやロザリオで満たされているチャペルに行くのが楽しみでした。少なくとも私はカトリック教徒が気に入り、学校は楽しく、学級副委員長にも選ばれました。

そして学級委員長が病気で欠席したときに、重要な教訓を得ました。チャペルでのお祈りの儀式は学級委員長が取り仕切ることになっていましたが、委員長がいない場合、その役は副委員長が代わることになります。私はその役をまかされることを誇りに思い、わくわくしました。

胸を張って教会に入り、美しいキリスト像ときらきら光るステンドグラスの下に立った私は祈りの言葉を述べる準備をしました。目を閉じ、手を握りしめて静粛に祈りの言葉を暗唱し始めたとき、私は二人の修道女に腕をつかまれて書見台から引きずり降ろされました。そして厳しい口調の大声で、「カトリック教徒でないあなたが、祈りの儀式を先導することはできません、席につきなさい！」と命じられました。

私はものすごく恥ずかしくて泣きだしてしまいましたが、他の子たちが私を見つめていたので、気を取り直しました。修道女たちの振る舞いは、私の存在を全否定するものでした。そして第六感からの警告のベルが頭の中で激しく鳴り響いたのです。

私のキリストと、彼らのキリストが異なることなどあり得るだろうか？　そう考えながら座っていました。どうして彼女たちは祈りを捧げられるのに、私には許されないの？　私が悪いことをしたというの？　神がひとつなら、私もキリスト教徒なのに。とにかく私には理解できませんでした。

家に帰った私は、涙してその日の出来事を話し、ずっと修道女になりたいと思っていたので特別悲しいのだと母に訴えました。この話を聞いて、自分がユダヤ教徒だということを隠していた母がどんな気持ちになったのか、今の私ならわかります。言うまでもなくすぐに両親は私を退学させました。

幼い頃の第六感に関する思い出といえば、「神の名において」という名目でなされることに混乱し、苦しんだ経験ばかりでした。すべての人の頭上に光が見える能力を持って生まれた私にわかるのは、地球上にいる人はすべて聖なる存在だということです。私たちを分かち、この世に悲しみをもたらしているのは神ではなく人間なのだとわかった私は、ちょっと悲しく、そして困惑しました。

ドミニカで見たUFOと精霊のささやき声

8歳の頃、ドミニカ共和国の土地開発に関わる仕事をしていた父について、短い間でしたが家族で西インド諸島に住んだことがあります。火山島のドミニカは、昼間は黒い灰が足を焦がすほど積もり、午後には毎日2時間、バケツをひっくり返したような雨が降ります。

私にとって、そこでは奇跡の連続でした。初めて、人だけでなく植物も同じような光を放つのをはっきり目にしたのもこの地でしたし、ジャングルの中では、神と自然とがつながっているのだとわかりました。私はトカゲを集めながら、ヤギと遊び、チャーリーと名付けたカエルと一緒に毎日を過ごしていました。

ドミニカ共和国は、とにかく不思議な場所です。私たちが住んでいた当時、記憶にある限りまだメロとロゾーという場所以外にはほとんど町がなく、人もまばらでした。島にはホテルが2軒しかなく、1軒は火山の頂上のすぐそば、そしてもう1軒は私たちが住んだ家で海岸沿いにありました。当時、島はまだ開発がほとんど進んでいませんでした。

父は、意外なものに心を惹かれていました。真夜中になると父は、私と姉をベッドから連れ出してベランダに出て、ジャングルの暗闇の中で毛布にくるまり、空を横切る光を眺めました。

「あれはＵＦＯだよ」と父が言いました。

7つの光は、長方形でとても明るく輝き、一点に集まったかと思うと、突然バラバラになって浮いていました。父は、「宇宙に住んでいるのは自分たちだけではないことを覚えておきなさい。このことをいつかみんなが知ることになるけどね」と話してくれたのを覚えています。

島にいる間、ＵＦＯを見たのは20回を下りません。船上で日が沈むのを眺めていたとき、父が突然、「空中のＵＦＯがコウモリの巣の近くに入っていったのが見えた」と言いました。父が興奮してその方向を指差したとき、私はちょうど大きなマンタが日差しを遮るほど高く海からジャンプしたのが怖くて目をそらしてしまい、残念ながら見逃してしまいました。

私がドミニカにいた頃のことで一番よく覚えているのは、始終ジャングルの向こう側から聞こえてきたささやき声でした。面白いことに、父は森に精霊がいるという私の言葉を疑いませんでした。実際、父と私の二人きりのときにささやく声の話をしたら、父はただ「そうだね」と言ってくれたのです。

そんな声を怖がったり、否定する母のいないところで父と二人きりなって初めて、私は父の本音を知りました。けれどもジャングルの精霊とＵＦＯのいる不思議な場所からカナダに戻って以来一度も、私の「見える」能力が受け入れられることはありませんでした。

スピリチュアルな能力は遺伝する

後になって、なぜ父が私と二人きりのジャングルの中でしかスピリットの話をしなかったかを知りました。実は父には家族の中で最も特別な能力があり、私の能力は明らかに父からの遺伝でした。最近になって父の古い友人から次のような話を聞きました。

私がまだ3歳ぐらいの頃、父は何かの集まりに参加するといつも、客が飲み残したトルココーヒーのカップの底に残った粉でいろいろなことを占っていたのです。

当然父の周りにはたくさんの人が集まるようになりました。ところがあるとき、父はパーティーに来ていたある女性が不倫していることを話してしまったのです。私がかつて母に、母の友人のプライベートな会話を知っていることで部屋に閉じ込められたように、すぐに母は父が能力を使うことを永遠に禁じてしまいました。

こうして家族に伝わる能力には禁止令が出され、話題にすることも避けられ、万が一話題に上っても恥ずべきこととして語られました。私が母にスピリットの世界について話そうとしても、母は私の言葉を無視しました（後になって、実は母もこっそりサイキックのところに行っていたことがわかりましたが、当時は自分の娘がサイキックだとは思いたくなかったのでしょう）。

不思議なことに、母はそれからずっと後になって私の能力を誇りに思っていると話してくれました。けれども当時は、私が父の親戚から将来何をして生きていくのかと聞かれたときには、私が口を開くより先に母が割り込んできて、大きな声で「その子は今、これからどうするか考えているところなの！」と答えていました。

3章　与えられた能力から逃げていた日々

10代になると、とぎすまされる感覚を抑えられなくなりました。忘れることができないほど衝撃的な出来事がいくつかあります。

父親が弁護士の友人の家に遊びに行くと、床に運転免許証のようなものが落ちているのが見えました。ところが拾い上げようとすると、落ちていた免許証のようなものは消えてしまうのです。同じことが続いて3度も起こりましたが、私にはこんなふうに見えるのはよくあることなので、誰にも言いませんでした。それから数年後、友人一家が他の町に引っ越し、実は友人の父親が不正行為で告訴され、弁護士免許を剝奪《はくだつ》されたことを知りました。

また、別の友人のところに泊まりに行ったときのこと、友人のお兄さんの部屋の前を通るたびに怖くて仕方がありませんでした。何かが私の髪を引っ張っているのを感じるのですが、振り返ると誰もいません。のちにお兄さんが私の友人に何年にもわたって性的虐待を繰り返していたことがわかり、私が感じたのはその場所だったのです。

この2つの話は、私がある時期、能力をなくしてしまう直前に起こった出来事でした。私にとっての第一の関心事が「将来に関して両親が望んでいること」になると、それだけで頭の中がいっぱいになってしまいました。

私の両親には、学業が第一だという固定観念がありました。そうすればお金も稼げて安心できる、教育こそが将来を保証し、周りになじむことが第一だと思っていたのです。論理的で理性的であることは絶対でしたし、外見にも口うるさかった両親は、カナダに移住して新たな人生を始めたときに上流階級に加わって社会に受け入れられやすいように姓まで変えていました。

私たちは「ボグダノビッチ」という姓から「バロン」に改姓していました。父は姓を変えた理由を「ボグダノビッチ」など誰も発音できないからと言っていましたが、むしろ父は「バロン」という位の高い上流階級の響きを楽しんでいるようで、学校側は私たちを貴族だと思ったらしく、私と姉は私立学校に受け入れてもらえたのです。私は両親をがっかりさせるようなことは何もしませんでした。

私は両親のもくろむ将来のために厳しく鍛えられ、計画通りに進むためなら何でもやりました。けれども、両親は結局のところ私をコントロールすることはできず、私は10代を、あらゆる物事や人に反抗して過ごしました。私は両親に押し付けられているように感じていたのです。

厳しい両親のもとで10代を送った私は、とうとう第六感で受け取る情報をうまく処理できなくなってしまい、入ってくる情報が全部一緒になって襲ってくるような感覚にまでなっていました。それはまるで無人飛行機の音のようにうるさくまとわりつき、私はその感覚からどうにかして逃れる方法がないかと探し求めていました。

私が安心できたのは、音楽を聴いたり、ギターを弾いたり、歌を歌っているときだけでした。それは、自分が第六感で聞こえたり見えたりした世界と同じ場所に行けるからでもあり、音楽の世界では、広い世界を感じながら聞こえてくる金属音のような声やビジョンの騒音のない美しいメロディーに浸っていられました。ですから、私が自分の第六感をコントロールできるようになったのは主に音楽のおかげです。

不運にも、両親は私がポピュラーミュージックに興味を持ったことを大惨事だとみなしていましたが、私は、やがて自分で歌を作ったり、独学でレコードを聴きながら音に合わせて一緒に弾いたりしました。音楽は私の救い、救済の場になっていました。私はビジョンを引き出すようにして、音楽を創り出せるようになりましたが、それでも完全にリラックスできないときには外の世界に対する過敏な感覚が消えませんでした。10代の反抗期も伴って、音楽が安らぎにならないときには私の中に恐怖と怒りが渦巻きました。そこで心のよりどころを求めて、他の対処法を探し始めたのです。

最初は過食症でした。怒りと戸惑いでいっぱいだった15歳頃の私は、何かに憑かれたように食べては食べたものを吐きました。この症状には何年にもわたり悩まされました。摂食障害による過食症が収まっても、徹底して反抗的になった私は煙草を吸い、酒を飲み、薬をやる学校の友達と出歩くようになりました。そして次に見つけた刹那的な逃げ場、それがお酒でした。私が最初にお酒を口にしたのは12歳のときで、すぐに好きになりました。そして15歳になると、お酒を浴びるように飲み始めたのです。今考えると、私は初めて口にしたときからアルコールをコントロールできず、飲み始めると止まらなくなってしまうのです。けれども、飲みすぎてわけがわからなくなったり正気を失っている時間は、私にとっての逃げ場だったのです。その上、お酒を飲むのはかっこいい、かっこいいのが何より一番、と思っていたのでした。

飲むとすぐに酔いが回り、気分がよくなって、暖かくふわふわした気分になれるのが素敵でした。そして何より、飲んでいる間にはいつも聞こえてくる「声」が止まっていたのです。さらに、「見える」こともなくなり、数年間は、作曲しながら、学校に行ってはどうやってそこから抜け出そうと考えていたぼんやりとした記憶しかありません。

それから数年間、私は自分で自分を痛めつけるような日々を過ごし、家族につらい思いをさせてしまいました。私は神も、愛してくれる人々の存在もすっかり忘れて、一人ぼっちになった気がしていたのです。

4章　最悪の経験

19歳になる頃にはアルコール依存症はますます悪化していました。それにつれて私はどんどん自己中心的になっていき、まったくと言っていいほど成長していない状態でした。当時の私が何よりたくさん摂っていたのは、違法に売られているドラッグでした。心の中で助けてという叫び声をあげていた私を、誰も助けに来てはくれませんでした。私の能力は、体内の薬で遮られて、心の警告の声さえもはや聞こえなくなっていました。

乱暴な人たちがよくいるという噂の、さびれた地域にあるバーには近寄らないほうがいい、と大学の友人に忠告されましたが、それでも、というより私にとってはだからこそ、余計に興味をそそられました。そしてある友人と出かけて以来、よく通うようになっていました。そこには、薬の売人や運び屋など危険な人たちがよく出入りしていました。

私が最初に危険を感じたのは、ある男性を彼の仲間の前で侮辱したある夜のことでした。私は生まれて初めて男性から素手で暴力を振るわれました。こぶしで顔を殴られた私は床に投げ出されました。自分が倒れるドサッという音がした後、気を失っていました。しかし、床に倒れた私を誰も助けてはくれなかったのです。

その事件以来、学校の寮にこもっていた私は、まるで自分が閉じ込められているように感じ始めました。事件のショックも、顔のあざも残っていたのに、友人と一緒にビールを飲みに町に出かけてしまったのです。

夜遅く、偶然顔見知りの男性グループに出くわしました。私はすぐに家に帰りたくなりましたが、友人がもう少しお店にいたいと言ったので、そのグループの男性に車で送ってもらうことにしました。私は彼らをよく知っていたわけではありませんでしたが、いい人たちのように見えましたし、それまで嫌なことをされたこともありませんでした。

あの事件以来、自分を守ってくれる人を探していた私は、家まで無事に帰れるように送ってあげるという申し出を信じてしまいました。

不思議なことに、車に乗った瞬間に何か恐ろしいことが起こるとわかりました。ただし、その声に私は耳を貸しませんでした。第六感ではどうすればいいかを知りながら、酔ったままその声を素直に聴けなかったのです。恐怖が心を走り抜けましたが、それでもただの想像にすぎないと思いました。……そして、感じた恐怖が本物だったことがわかりました。とても大変なことが起ころうとしている。私はレイプされるわ。

乱暴されている間に起こった不思議な経験は、今でも昨日のことのようにはっきり覚えています。私は自分の体から抜けて、部屋の隅に浮かんだまま、下にいる自分に起こっていることを遠くから冷静に、興味を持って見下ろしていたのです。そのときの感覚は、自分の魂が生まれたときからずっと知っているかのような、とても長い間を生きている存在になったように思えるものでした。同時に、私を襲った人たちの境遇が第六感で見えたのです。

私は彼らがかわいそうになりました。太ってだらしない格好の酒浸りの母親に、水も食べ物もろくに与えられずに閉じ込められている子どもの姿が見えました。もう一人の背が低くて痩せた子どもは、あちこちに養子に出されているのが見えました。そして、三人目の青白い肌で赤い髪の男の子は大家族の一員でした。父親が母親を殴る台所で、それを怒りを抱えて見つめていた幼い彼は、床に倒れた母親の大きな叫び声を聞いていました。そして次に見えたのは、ある食料雑貨店で少年がスープの缶詰を盗んで、大きな袋に入れている姿でした。

そんなシーンが部屋の上で浮かんでいる私の周りをぐるぐる回っていました。このとき私は自分の意識がいくつかに分かれる経験をしていたのです。そして、意識がきちんとある状態の私は、思いのままに時間を前後に飛んだり、歩き回ったりできることに気がついたのです。のちに、これこそ「ロケーション」と呼ばれる、私がリーディングをするときに起こっていること同じだと知りました。

その夜の出来事で、私は自分に2つのことをしっかり刻みました。まず、レイプの後遺症が癒されるのには何年もかかるということ。もう1つはもっと大事なことですが、自分が2つの世界を同時に経験したということでした。このときから、思うようにこの意識（時間を自由に行き来できる意識）にアクセスができるようになり、最終的には人間の自覚と認識できるエリアは実に広いということを理解するきっかけになったのでした。とはいえ、すぐにこんなふうに前向きに考えられるようになったわけではありませんでした。

最低の日々と歪められた第六感

私はレイプされたことを誰にも知られたくなくて秘密にしていたのですが、事件から1か月後、高熱を出して出血し、その入院中に両親に真実を話すことになりました。気が動転した両親は、19歳の私が子どもを産むわけにはいかないと言いました。そして戦時中に自分もレイプされたことがあった母は、私に起こったことを決して誰にも口外しないようにと言いました。

それから数年は、自分を痛めつけるような日々を送っていました。混乱していた私は、神に祈りを捧げつつも、神に無視されていると信じていました。

私が人生のどん底に落ちるには、それからさらに9年かかりました。アルコールや薬を飲んでも、自分の第六感を抑えられなくなっていたのです。ただ当時の第六感からくるビジョンは、ぼろぼろになったエゴに歪められてフィルターがかかったままのものでした。

被害者というバッジを胸につけているように感じた私は、そのことを自暴自棄になっていく自分への言い訳にしていたのです。いかにも薬を濫用していそうな男性と付き合い、いつもパーティーを開いている不良仲間と出歩いていました。私の生活はクラブに行くばかりで、真夜中にバーで働いたり、電話勧誘をしたり、洋服屋で働いたりしながらも、稼いだお金でいつかはシンガーソングライターになりたいと思っていました。けれどもやることなすことすべて失敗に終わってしまいました。

私は否定しようがないほどはっきりと、第六感による不思議な経験をしていながら、それを遠ざけて幻覚だったと思い込もうとしました。そして、やがて死にたいと思うようになりました。私の第六感はもはや抑えられないレベルに達しており、とうとう抵抗するのをあきらめました。周りの人たちを第六感で見通し、今何をしているのか、これから何が起ころうとしているのかがわかってしまうのです。けれども私はいつも酒浸りで、自分の能力を生かせずにいました。

タロットカードに能力を託す

ある夜、パーティーで二人の男性がパスポートを紛失したと話しているのを耳にしました。二人のうちの一人が、ちゃんとパスポートを隠していたのに部屋に戻ったらなくなっていたと話していましたが、その瞬間、私には誰が彼らのパスポートを盗み、どこに隠したかがわかりました。頭の中に浮かんできたカーペットを見つめると、私には彼らのパスポート、そのうちの一冊にはお金が挟まれているのも見えました。

次の日、当時の親友とあるパーティーに行くことになりました。私には初めての場所だったのですが、すぐにパスポートが隠された事件が起こった場所だとわかりました。

そして、パーティーの主催者を紹介されたときに、私は初対面にもかかわらず、盗んだのは彼だとすぐにわかりました。その夜、トイレを探して真下の部屋を見下ろせる部屋に迷い込むと、前日に頭に浮かんだのとまったく同じカーペットが目に入りました。すぐにカーペットをめくってみると、そこにはパスポートがあり、私は急いで盗まれたパスポートなどをかき集めて友人に知らせました。

私は、盗まれたものを本来の持ち主に返すべきだと言ったのですが、友人は私たちには関係のないことだから帰りましょう、そして私がパスポートを見つけたことは誰にも言わないように、と言いました。私がパスポートを見つけたいきさつが、あまりにも不自然だからという理由で。

私はパスポートをもとの位置に戻してその家を後にしましたが、その後、良心の呵責《かしゃく》にさいなまれました。誰かの助けになるものをせっかく見つけ出したのに、盗まれたものをちゃんと本人に返さなかったことに罪の意識を感じていたのです。この出来事以降、私の友人は、私を「441」(楽器などの音合わせは通常440ヘルツの周波数で行うが、微妙に違う音色を作り出す441の周波数でチューニングすることもある)と呼んでからかうようになりました。

「ねえ、何かわからないことがあったら、ちょっと変わったコレットのところに行って聞いてみたら?」

その頃、友人の一人がタロットカードに夢中になっていました。彼女はさほど能力のある子ではなかったのですが、自分や周りの人を取り憑かれたようにリーディングしていました。私も一緒になって、異文化の中にある魂とつながる方法の書かれた本を読み漁《あさ》りました。すると、本に書かれている能力が自分にもあるのに気がつき、心の深いところに響いてきました。

タロットを使ううち、付属の解説書よりむしろ、シンボルから直観的にカードの意味をリーディングすれば自分が霊視したものを確認できるとわかりました。

カードの中で1枚だけ特に気になるものがありましたが、それは月（The Moon）のカードでした。今では、月のカードの意味は「人間と異なる世界をつなぐ見えない力」のシンボルだととらえていますが、月の絵そのものは無意識の活動や変化を表しています。伝統的なタロットカードでは、ポジティブな解釈は「人生を豊かにするサイキック能力を目覚めさせるもの」、ネガティブな解釈は「何かに中毒になり結果的にサイキック能力の邪魔になる」です。ですから、タロットの月のカードと私はとてもしっくりきて、抵抗しがたいほどの強いつながりがあると感じました。

それでも私にとって一番大事なものは作曲でした。当時タロットカードは自分を表現するツールの1つでしかなく、作曲している時間のほうがずっと多かったのです。

自分は傷ついた女性シンガーで、世界という舞台の犠牲者だと思いながら作曲を続けていました。手探りで書いた私の曲には、私自身がいまだに乗り越えられない何かが確実に含まれています。「ロックシンガーになって有名になるわ」と冗談を飛ばしていた私は、心の中では音楽界で成功すれば完璧な人間になれる、みんなから認められる、夢が実現すれば私の中に残ったままの汚いものがきっと洗い流されるだろうと思っていました。

でも今ではそのとき大成功できなくてよかったとほっとしています。もし成功していたらいまだに「犠牲者」のままだっただろうという確信があります。つまり、いくら拍手喝采を浴びようが、お金持ちになろうが、自分と上手に付き合えなかったと思うのです。また薬漬けになるか自己中心的になるかして、きっと自殺していたでしょう。というのも20歳から22歳の間に、一度ならず自殺をしようとしたことがあったからです。

私は薬をやめる、いや、やめたいと思うに至るまでも、かなり苦労しました。アルコールで自分をごまかし、過去の傷の痛みを抱えたまま、どんどん落ちていったのです。

1つ間違えば死んでいたかもしれませんし、ほとんど死にかけたことも何度もあります。とはいえ神は別のプランを私に与えてくれました。

真剣に助けを願った日

1985年のハロウィーン直後、家族に衝撃的なことが起こりました。愛犬ががんに侵されたのに、獣医師に払うお金がなかったのです。

私の父は75歳、アルツハイマーを発症して、数百万ドルのお金も家も、そして何より誇りも威厳もすべて消えていくのを目の前にしていました。父は、何度も起こる発作に苦しみ、ただ空を見つめて煙草を吸いながら何時間も座っているだけ、母はお金がほとんどないという恐怖からいつも泣いていました。

私は自分の命を神に預けた夜のことをよく思い出します。私はただで薬をくれていた売人のところにまだ通っていました。階段を上って風呂場に入り、鏡の前に立つと、素の自分の姿が見えました。そこには意気消沈し、一文無しで、人間性のかけらもない姿が映っていました。薬物依存症ですべてを引き換えにしてしまった私は、自分が死ぬのがわかりました。その瞬間、私は何年も口にしたことのなかった祈りの言葉を唱え、心の底から真剣に祈りました。震えながら、シンクのふちを汚れた両手で握って叫んだのです、「助けてください！」と。

その後に起こったことは、薬のせいで幻覚を見たという人もいるかもしれませんが違います。鏡に映る自分の周りに真っ赤な光が見えたかと思うと、その光が泡になって私の周囲をきれいにしてくれたのです。私は冷静に、疑いなく、「終わった……もう二度と薬の売人のところに行くことはない」と確信しました。

どうしてそう思えたのかはわかりません。でも深いところで『大丈夫、もう抵抗しなくていいよ』と語りかける声がありました。その声に耳を傾けた私は、二度と後戻りすることはなかったのです。

5章　取り戻した尊厳

いくつもの不思議な出来事が続いて起こる中、私は治療センターへと通うことになりました。本当に不思議なのですが、抵抗するのをやめた途端に私の周りのあらゆることがすぐに変化し始めました。まるでモーセが通る海の水が分かれたように、これまで障害となっていたものがなくなり、もといた場所へと戻る道を探し始めた私のもとには、助けてくれる人が一人ずつ現れました。やがて、ある集まりで、話し好きで自信に満ちた女性と知り合い、いつもスピリチュアルな話で盛り上がるようになりました。

彼女といると安心できた私は、子どもの頃から自分に起こったおかしな出来事を話しました。似たようなことが起こっていたという彼女と話ができること自体が私にとっては喜びでした。

彼女のおばあさんは有名なサイキックかつヒーラーで、その能力が孫である彼女に受け継がれていると家族は信じていたそうです。彼女にも人のオーラや物体から発せられるエネルギーが見えるそうで、違ったことといえば彼女は私のように自分の能力を持て余した経験がないという点だけでした。

　彼女と出会ったことは私にとってかなり慰めになったものの、まだ私が世の中で生きていくためには自分の第六感を永久に閉じてしまわなくてはならないと確信していました。私はとにかく、周りになじんで、過去を消したくてたまらなかったのです。とはいえ私は、自分が危険で望まれない存在だという、ずっと必死に否定しようとしてきた考えをやめようと決めました。すると気持ちが落ち着き、それから2年ほどは、神聖なものが生まれてくるのを見守りながら待つ妊娠期間のような日々を過ごしました。私は回復できるように、スピリチュアルな毎日を実践することに没頭しました。

　教会の地下で行われていた会合では、アルコール依存症の人たちが集まって互いに助け合いながらそれぞれ自分の人生を変えるための精神的な信条に従って生きようとしていました。そこで、もし自分が望みさえすれば神の加護のもとに生きられるのだというハイヤーパワー（より次元の高い力）のことを知りました。きっと自分一人では出会えなかった概念であり、まさに施設での経験は私にとっては奇跡的なものだったのです。１９８６年1月2日以来、アルコールを飲みたいという衝動はまったくなくなり、今もアルコールを口にすることはありません。

神のかたちをした穴

私は生まれてからずっと、自分の中に神のかたちをした穴がある気がしてなりませんでした。男性だったり、アルコールだったり、食べ物、薬、そして買い物をすることだったり、かつてはそのぽっかり空いた穴にいろいろなものを詰め込もうとしましたが、スピリチュアル中心の生活を送るようになると、その空間は神の存在で満たされるようになりました。

かつての聖なる存在は自分とはかけ離れたものだという感覚は、神はいつでも自分の中にあると思えるようになりました。

私にとってその2年間は比較的平穏な日々でした。自分の皮膚で感じるものが心地よくなるにつれ、私は人生で初めて幸せを味わえた気がします。けれどもその間に、父の健康状態はさらに悪化し、その世話をするべき母はプレッシャーで、どんどん悪い方向に進んでいきました。お酒に頼るようになった両親が目の前でゆっくりと死んでいくのを見ながらも、私は自分の新たな人生にしがみつくのが精いっぱいで、何もしてあげられませんでした。私は音楽で成功することに集中し、さまざまなイベントで歌ったり、バンドも結成しました。

あるとき、バンドの女性メンバーが私にくれた『アヴァロンの霧』という本を読んで大きな影響を受けました。イシスの寺院の女性司祭のシンボルは額に描いた青い月であるという、アヴァロンの女性司祭や修行の話を読んで、自分の第六感を思い出すとともに、不思議な記憶をも取り戻したのです。私は幼い頃、額の真ん中にボールペンやペン、あるいは指で小さな三日月を描いて遊んでいました。

私はその本が大好きになり、その後、本をくれた彼女がすすめてくれるものを次々と貪《むさぼ》るように読み漁りました。ちょうど21世紀への変わり目、私はスピリチュアルに関するたくさんの本を読むうちに本当の自分を思い出していき、結成したバンドは長くは続かなかったり、私の中にはまだまだ根深い反抗心が残っていたりはしたものの、自分の進むべき道がはっきり見えてきました。

最初のメンターとサイキック能力の回復

運命には「人生ゲーム」のような側面があると私は信じています。そして私たちはみんな、ゲームをするかしないかを自分の意思で自由に選べますが、その正しい選択ができるかどうかは、いまだ解決していない過去世でのカルマと呼ばれるものに影響されています。

あるとき私は、イギリスからカナダにやってきたイボンヌというサイキックと直観能力のあるという評判の女性にリーディングをしてもらいに出かけました。そこで彼女は私の過去を正確に言い当てただけでなく、私の能力をすぐに見つけて、これから訪れるだろうことを予言してくれました。

彼女はホリスティック・アロマセラピーも教えており、私は彼女のもとでリフレクソロジー、ポラリティーセラピー（生命磁場の原型によって人間がつくり出されていると考え、その磁場の極性を利用してエネルギーの流れとバランスを整える療法）、アロマセラピーマッサージ、深いトランス状態に入る瞑想といったさまざまな代替療法を学びました。

彼女は我慢強くて、私にとって素晴らしい教師でした。自分にマッサージの才能があるとわかったのも彼女のおかげです。私は週に数回、トロントのスパ施設で働くようになり、口コミで確実に顧客を増やしていきました。体に触れた瞬間、私には不思議な感覚で相手のことがわかるのです。目を閉じるとさらに情報が入ってきて、施術中の相手の体の中に黒いしみのようなものが見えると、私はすぐにそこが筋肉の最も緊張している部分だとわかります。

ときには、影が特に黒く見える部分についてクライアントに古傷がないかを尋ねると、十中八九「どうしてわかるの?」と驚かれます。私は「よくわからないんですが、目を閉じて体を触ると、まるでレントゲンのように体の中が見え、どこに痛みがあって、その痛みがどこから来ているのかが何となくわかるのです」と答えていました。

才能を受け入れ、人の役に立つ

サイキック能力を高める教室に参加しようと決めたことは、人生をさらに変える選択だったようです。

すすめられるままトレーニングや勉強を始めると、自分の第六感で感じたことがあふれだしました。アロマセラピーの施術を受けに人が部屋に入ってくると、まず相手の名前を尋ねるのですが、名前を聞いただけでその人の生活や心配事、そしてそれが起こったきっかけが頭に浮かぶのです。もちろん、自分がイメージしたものを確かめるためにもクライアントに感じたものすべてを伝えましたが、驚いたことに他人が知るはずのないプライベートなことまでクライアントから感じ取っていたのです。やがて、施術ではなく、私と話をするために予約をする人たちが増えていき、直観能力カウンセラーとしての仕事が生まれたのです。

当時の私はクライアントの過去や現在が見えるだけでなく、この先起こる未来さえ見えてしまうことに苦しんでいました。そしてあるとき、本人が思い定めたこととはまったく異なる未来にどう折り合いをつけたらいいのかわからなくなってしまいました。もし、今ここでしっかり生きることが大事なら、未来について相手に伝える必要があるのだろうかと。

実際、私の中で未来が見えるときには、どこか遠くで起こっていることを観察しているというより、すでに起こってしまったことを思い出しながら伝えているという感覚に近かったのです。

そして、量子物理学の理論の中にある「パラレルな宇宙」についての本を読みました。私は他の世界ですでに起こったことを知っているのだと感じていたのですが、パラレルな宇宙には今現在ここにあるような「時間」という概念が存在していません。

私はいくつもの結果が同時に見えているのだということや、選択、原因と結果の法則を理解し始め、未来は潜在的な可能性を含んだ場所であり、すでに決められたことや、絶対的に運命で決められてしまったものであっても、影響を与えることができるとわかったのです。

人生は予期せぬ変化を起こし始めた

こうして訪れたスピリチュアルなヒーリングは思わぬ成果を生み始め、それまでの自分の経験がすべて価値あるものへと変化しました。また自らの第六感を取り戻したことで、私の人生は期待していなかった方向へと大きく転換することになりました。

私は、自己回復のための厳しい旅をスタートしました。性的虐待問題を抱えた人のセラピーをはじめ、『奇跡のコース』（ヘレン・シャックマンがイエス・キリストから得たインスピレーションを文章化したもの）を学び、ユニティ教会に通い始めました。スピリチュアルな哲学を学び、貪るように心理学書を読み漁りました。

チベットのラマ僧による瞑想会に週1回通い、毎日祈りと感謝の念を捧げました。やがてハイヤーパワーに意識的につながれるようになった私は、仕事がうまくいくようにアドバイスを求めて祈り、瞑想し、深い部分にある自分を評価し、そして自分が今まで傷つけてきた人々に償《つぐな》いをしました。

この2年間で、それまで抱えていた重荷から自由になるにつれ、自分の頭の中で響いていた声が静まりました。心を開いて素直になり、内なる自分への癒しと第六感の能力が高まった私は、さらに健康的で正常になりました。自分の内にも健全な自分を作り出すことができ、さまざまな才能を活かした豊かな人生を送れるようになったのです。

毎日の祈りでは、人生の真実を目にし、自分の祈りへの答えを受け取りながら、どう生きていけばいいかを示されました。それでも私は、仕事として第六感を活かすということには前向きではありませんでした。というのは、人から偏見を持った目で見られるだろうし、まだ内心ではロックバンドのリードボーカルになりたいと思い続けていたからです。

私はリーディングの際に、「これは本業ではなく、本当は歌手なんです。だから来年はここにいないかもしれませんが、どちらにしてもいらしてくださってありがとうございます」とお礼を言っていました。けれども、しばらくすると物事が変化し始めました。

1991年、悲劇が再び私を襲いました。父が、姉の誕生日に発作を起こして亡くなったのです。姉が見つけたときには、父は椅子に座ったままですでに事切れていました。そのうえ、ひどい頭痛に悩まされるようになった母の頭痛の原因が悪性脳腫瘍で、余命2年だとわかったのです。私は父を失ったことに加え、母をも失う恐怖にショックを受けました。さらに、バンドが解散したと同時に、長きに渡った人間関係も終わりを告げました。

これらは、私の過去を知る人々とこれから先、同じ気持ちを分かち合うことがなくなることを意味していました。新しい人生を踏み出したと同時に、多くの人が私のもとを去ったのです。私は、普通の人が歩まない道を選びましたが、それでも自分の天職だと思う方向に向かって、光に導かれて前進し続けました。当時、私が絶えることなくずっと続けていたのは、第六感を活かした仕事だけでした。

イボンヌから能力開発セミナーで教えられた第六感の活かし方を私なりの形にしてリーディングすると、自分にとっても他の人にとっても驚くような結果が生まれました。

古傷を癒すため、毎日、心とスピリチュアルな「庭」に生えてくる雑草のようなものをきれいにし、自分のサイキック能力を深いレベルまで浄化すればするほど、リーディングが正確になっただけでなく、自分の人生も明確に見えるようになったのです。

内なる声に耳を傾け始めると、それまで見えなかった奇跡を目にすることができるようになりました。

6章　不思議な出来事

1992年6月、ある暑い夏の午後、私は散歩に出かけました。

大好きなマカロンを買いに近くの健康食品店に行こうと思い立ち、スピリチュアルなことなど何も頭に浮かべないまま、通りを渡って道の反対側の縁石に足をかけた瞬間、突然何かを感じました。

私があたりを見回すと、まるで穴のあいた服に自分が入り込んで、その穴から周りをのぞき込んでいるような感覚がしたかと思うと、自分がどのくらいの高さから舗道を見渡しているのかがはっきりせずに混乱しました。

そしてそばを通り過ぎる人たちの心の声が、雑音の海のように入り込んできたのです。何か普通でないことが起ころうとしていると思った私は、できるだけリラックスしようとしました。すべての雑音が、いつも私の周りで音を立てている無人飛行機のような音と混ざり合って鳴り響き続けると、ふとそれは世界中の音が調和した音なのだと気がつきました。

自分が生命力で奏でられる天空の楽器の弦のようで、私の体をも響かせながら突き抜ける、生きとし生けるものの命の脈動の一部だと感じられると、その音の大きさとすべての生命がつながっているということに衝撃を受けました。

突然、音が消えたかと思うと静寂が訪れました。一瞬、耳が聞こえなくなったのかと思いましたが、そうではなく、私の周りが静寂で平和そのものなのだと感じられました。すると、まただんだん耳に聞こえるまでに大きくなった命の音が心に湧き上がってきた猜疑心を粉々にし、真実だけが残り、私にはもう恐れるものはなくなりました。自分の死さえ恐れるに足りない、たとえ「灰」になったとしても私は存在し続ける、と確信できたのです。

私は、誰の人生にもそれぞれ意味があることもわかりました。もう、自分自身をいくら見つめても怖いことはない、できることに挑戦し続けようという気持ちでいっぱいになりました。深い思いやりの気持ちが集まって波となり、自分に押し寄せたとき、人生の意味は今ここにあると思い、それに対する畏敬の念に圧倒されました。そして、少しずつもとに戻って、渡った歩道で地面を見つめながら立ちつくす自分にやっと気がつきました。

命の音が私を満たすやいなや、歩道に小さな草が生えていることにも気がつきました。自分が宇宙の生命力の一部なのだということが心の奥底から理解できると、歩道に生えた草にも自分と同じ神の知恵が含まれているのだとわかったのです。この気づきがどれほど大きなことかわかった私は、泣き崩れてしまいました。自分を取るに足らない存在だと感じていた私には、コンクリートに勇敢に生えた草と同じ勇気が自分の中にもあると感じたのです。

この素晴らしい経験をしてから、すべての命の広がりやこの世に存在するものはすべて、ある瞬間に必要不可欠なものだと理解しました。ハイヤーパワーの存在を感じ、それまでの人生で感じたことのなかったような愛を経験したのです。

今、私は命は愛そのものだと信じています。恋愛小説に描かれるような愛ではなく、真に創造力に満ちた愛です。愛があるからこそ、聖なるものが実体化した命が永久に続くサイクルを生み出し、私たちは神とともに命を創り出していく人生を与えられているのです。それぞれが、何をどう創り出していくかを選ぶ能力も与えられています。

以来、人生のスピリチュアルな意味を探し求める中で経験したこの出来事を、決して忘れたことはありません。

エゴが私たちを真実から遠ざけている

リーディングをしてほしいという人が増えてくると、私は、人の悩みには共通のジレンマがあると気づき始めました。

私たちが直面する最も大きな問題の1つは、私たちが物質や心の平穏を求めているだけでなく、精神的な支えと帰属意識を求めていることによるものです。多くの人は自分に何かが欠けているという気持ちに突き動かされつつも、心の奥底では人生にはもっと大きな意味があることを知っています。

さらに広大な魂の世界とつながることは誰にとっても可能なのに、その際の最大の障害がエゴであり、エゴこそが世界を五感だけでとらえた世界に私たちを閉じ込めているのです。

宗教教育を受けてきた私にとって、神は天上で自分を見ている存在だと思っていましたし、天に介入してくれるようお願いしたり、司教や牧師と話をしなければ神とはつながれないと思い込んでいました。自分の魂が聖なるものの一部なのだと気がついていなかったのです。もし、それに気がついていたら、私の内にあるハイヤーセルフ（より次元の高い自分）に導かれた人生を生きてこられたでしょう。

キリストやブッダ、ハイヤーセルフの意識が実はもともと自分の中にあり、私を通してその意識が行動に移されるのだという事実を初めて知ったときのことは忘れられません。信仰にはエゴではなく、もっと高い精神が伴っていなくてはならないことも知りました。

さらには大きな意識と自分の意識をつなげば、自らの声が聞こえるだけでなく、聖なる存在にアクセスでき、その延長線で自分の経験を活かして人を癒すことができると気がついたのです。より高い次元のスピリットの知恵と自分がつながったままの状態で行動してこそ、第六感という内なる導きに心を開けるのです。

第六感という能力が私の表面に出てくるようになると、第六感とはただの想像上のつくり事ではない、現実そのものだとますます信じざるを得なくなりました。

自分が見たことや感じたことを本人に伝えると、それは正しく、そのたびに私の深い部分で変化が起こりました。それがどんなかたちで現実になっているかは、私にとってはさほど重要ではなく、自分が信じた通りに行動できているかどうかが大事な点です。

物事を実現するには、聖なるもののなすことにはタイミングがあると信じておく必要があります。私はさまざまな経験に触発されて、自分が学んだ精神世界のことをもとにセミナーを開催しましたが、魂、エゴ、そして現実を作り出す一人ひとりの役割を知るための第六感を取り戻すのを助けるのが目的でした。

セミナーは大成功をおさめ、たくさんの都市に招かれて、今の私がとらえている世界観を皆さんと共有してきました。疑ってかかっていた人でさえ、1日のセミナーが終わる頃には、自分の気づきに衝撃を受けるなど、私は人生で経験してきたことが他の人に認められ、そこから勇気をもらいました。

天使の羽に抱かれて

子どもの頃、乳母だったミセス・ケリーは、「天使の存在を感じているなら、天使に出会ったら、それは本物だと信じなければなりません」と私に言っていました。

子どもの頃は簡単なことだったのですが、大きくなるにつれて少しだけ疑いを持ち始めると、自分で自分が天使を見たと信じるようにしておかなくてはなりません。というのも、自分が見たということは絶対に本当だとしても、確証といえばそれだけだからです。でも、次のような天使と出会った経験をした私には本当に存在しているとわかります。

ある日、私は瞑想中に降ってきた言葉とイメージで編み出した新たなマッサージ法をイボンヌに見てもらおうと思って、彼女に会いに行きました。私はいつものように、彼女の後ろに立って、導きや保護、癒しを求めて祈りを捧げながら、彼女の背骨や肩のあたりへとリズミカルに手を動かしました。

「サンクチュアリと呼ばれる魔法の海の白い浜辺に」

そう私が瞑想の言葉を口にすると、それから10分後に驚くべきことが起こりました。まるで私の体という容れ物の中に意識が入っているように思うやいなや、ある力で私の魂が体から持ち上げられた感覚がしたのです。私が感じたその力は自分の一部のようにも感じ、瞑想中の自分の祈りの言葉が聞こえ続ける中、その言葉が自分に向かっても語りかけてきて、腕が無意識にリズミカルに動き、それは五感で経験していることが溶けてしまうまで続きました。

するとはっきりとした意識を持ったまま、新たな不思議な場面にいる自分に気がつきました。ぼんやりとした光に包まれ、リーディングや深い瞑想状態の域に入ったことを感じ、それでいてしっかりとした意識があるまま、現実世界から別の場所へと移動したのを感じました。移動した先の領域には、日常で経験することと似ている部分もそうでない部分もあり、いくつかの特徴がありました。

気がつくと私は、てっぺんが見えないほど大きなドアの前に立っていました。ドアの下のほうに這っていけるほどの隙間が目に入り、中に入ると大きな中庭がありました。石の小道が雲でかすむほど上まで続いていて、足元に光が差し込む風景は、さながら白と黒のチェス盤のようでした。

前方に何かがいると感じました。それは10メートルほどもある生き物で、その羽で私を覆うように立っているのに気がつきました。顔はなく、ただまばゆいほどの光が私を見つめていることだけ明確にわかりました。そのときほどはっきり自分のすべてを見透かされていると感じたことがなかった私は、恐怖を感じました。この存在は私の知らないことまで見通せると思うと、どうも心地よくなかったのです。

これが天使というものなの？　そう思ったのを覚えています。

その存在に拾い上げられた私は、やわらかい羽に抱かれました。蜘蛛の巣のようなものと羽毛のようなものでできた羽には、白い光の糸が光の粒となって輝いていました。その存在に触れながら、私はこれは本物の天使に違いないと確信して興奮しました。

他にも天使の姿を見た人がいるに違いありません。だから天使は羽をそなえた姿で描かれるのでしょう。天使の中から聞こえる深く染み通るような音に包まれてリラックスし始めた私は、次第にすっかり平穏な気持ちになり、受け入れられている感覚と愛を感じました。私を抱えたまま天使が大きな木立（地上では見たことがない木）の間を歩いて開けた場所に出ると、そこに10人の天使がいました。

天使に宙に投げられた私はとても慌てましたが、天使たちは歌ったり笑ったりしていました。少なくとも私には笑っているように聞こえた天使の声は、喜びに満ち、でもいたずらっぽい感じもしました。全部で11人の天使たちは、私をボールのように投げ回しました。

すると突然、私は下に敷かれていた薄い紫色の雲のような布の上に落とされたかと思うと、紫色の布が破れて水の中へと入ってしまいました。見回しても天使は見当たりません。気がつくと私は、天の音楽が聴こえ、すべてが輝くクリスタルでできた山のふもとにいて、洗礼を受けているかのような気持ちになったのです。自分がどこにいるかわからないまま、もといた部屋の自分の体に再び詰め込まれるのを感じると、私はまだマッサージをしている最中でした。まるで靴を履くように足の感覚が戻り、完全にもとに戻った感じがしましたが、いつもより深く呼吸をしていました。この時点で私がマッサージをやめると、イボンヌが振り返って私を見つめました。たった1分の間に彼女の濃い青色の目は輝きを増して、瞳孔が完全に開いていました。

「今信じられないようなことが起こったわ！」

私は彼女に言いました。するとイボンヌが答えました。

「コレット、今までに見たことがない素晴らしいビジョンが見えたの！」

そう言って彼女が話してくれたのは、次の通りです。

マッサージが始まり、深い瞑想状態に入ったイボンヌは、私が大きなドアの下をくぐるのを見たというのです。私の後に続いて彼女がドアの下をくぐると、そこに見えたのは私ではなく、天使のような大きな存在でした。天使の後について細い道を行った先には広場があり、そこにたくさんの天使が輪になって立っていたというのです。

彼女がついていった天使は腕に生まれたばかりの赤ちゃんを抱いていて、天使たちは笑いながら赤ちゃんを空中に投げては代わるがわる抱きかかえていたと言いました。

イボンヌが自分はどこに来てしまったのだろうと思うと、天使のような存在は目がくらむような紫と白の煙の中に消えていったと言いました。イボンヌが後ろを振り返ると、ベッドに横たわった自分が私を見上げていることに気がついたと話してくれました。

私はイボンヌの話に驚きながら、彼女の話で私が体験したことがただの作り話や思い込みでないことがはっきりしました。私は自分の体験が正真正銘真実だと信じられ、これから自分にいろいろな意味で変化が訪れるだろうとわかりました。

その日以来、私のリーディングは精度を増し、口コミでさらに多くの人が訪れるようになりました。あのときの経験は、私に人を助ける力を与えてくれ、私は一人ではないと思い出させてくれました。その後どんなに天使とつながろうとしても、数年間はビジョンを見ることもありませんでした。

それが、ある晩から連続して3晩も、眠りに落ちる私を見つめる顔が見えたのです。

初めは慈悲深く微笑むキリスト、次の晩にはたなびく白いローブを着た浅黒い肌のインドの賢者、そして三人目は、「私はマグダラのマリアです。女神たちのことを思い出しなさい」と言うのが聞こえたかと思うと、姿が消えてしまいました。

1週間後、瞑想に入る前に身支度をしていると、愛犬ギズモが私のほうに歩いてきて、私の目をじっと見つめました。瞑想を始めようとすると膝の上に乗ってきたので、愛犬を膝にのせたまま瞑想しようと目を閉じました。

どのくらいたったでしょう。瞑想状態に入ると、あの細かい光の粒子に満ちた異次元に戻ったことに気がつきました。天使に出会ったときと同じクリスタルの山の端に座っていた私は、天使の羽に包まれているのを感じ、とても穏やかで守られている感覚がしていました。

私は天使に尋ねました。

「今までどこに行っていたのですか？　どうして、今まで出てきてくれなかったのですか？」

私に聞こえてきたのは言葉ではなかったものの、『私を信頼してください。私はいつでもここにいるのですから』という意味の低い音が聞こえたかと思うと、すぐに消えてしまいました。

その日以来、私は天使の存在を疑ったこともなければ、私はいつでも天使とつながっているのだから、経験することは天使と共有しているのだと心から信じています。私自身、かなり疑り深いほうですが、私たちが神や聖なる知恵に囲まれていることは絶対に間違いないと信じています。

この人生で何をどう学ぶ必要があるにせよ、必要があって私はここにいるのです。私たちは、自分の第六感が右ではなく左に行くようにと告げたら、それを信じなくてはなりません。左に曲がった角の向こうには天使が待っているかもしれないからです。

7章　私の使命

私は、口コミでたくさんの人からリーディングを頼まれ、フルタイムでその仕事をしながら音楽家としての活動にも没頭していました。

1993年2月、母が亡くなりました。私との間に激しいほどの愛情がありつつ、同時にもつれた関係でもあった母ががんだとわかった後、急激に衰えていくのを見ながら、私は自分がいかに無力かを感じていました。

私が見舞うと、母はとても元気そうに見えました。家に帰った私は、タロットを広げてみようと思い立ちました。

私が引いたカードは、「死神」「剣のエース」「クイーン」の3枚で、最も知りたくなかったことですが、母が亡くなる前兆がタロットからはっきり見て取れました。

1時間ほどして病院から電話があり、母が昏睡《こんすい》状態だという知らせがありました。母に別れを告げるためにすぐに病院に戻ると、その夜、母は旅立ちました。私には、母がもっと素晴らしい世界に旅立ったのだとわかっていましたが、それでも母が逝ってしまったことに衝撃を受け、母との関係をうまく修復できなかったことを後悔しました。

祈りへの答え

当時私には音楽のマネージャーがいて、ニューヨーク在住の有名プロデューサーに引き合わせてくれたので、私は夢を実現させようとたびたび出かけたものでした。

私にとって両親を失ったことであふれ出した感情を表現する対象が音楽であり、リーディングの仕事を1か月休んで音楽活動に専念しました。自分の書いた曲の出来には自信もあり、業界からたくさんの好感触を得ていたものの、多くの失望を味わいました。

契約が交わされようとしても急にその会社がつぶれてしまうとか、懇意にしていた人が国を離れるとか、何らかの邪魔が入ったのです。結局は何もうまくいきませんでした。開いたかに思えたどのドアもすぐにぴしゃりと閉ざされてしまい、私は本当に落胆していました。

精神世界について深く学んでいた私は、理解できないことがあると、それについての書籍を見つけたり、学ぶためにコースを探したりと、理解できないことのしくみを把握するためにあらゆる実践をこなしていました。

私は、自分の信念がそのまま世界をつくり出すことを知っていました。毎日5、6人のリーディングを行う中で、信念がその人の現実をつくり出すという概念は正しく、誰にでも当てはまることがはっきりわかったのです。ですから、望むことをすでに叶ったように信じ続けるという「引き寄せの法則」も、訓練さえすれば望むようなチャンスをつくり出せるだろうとも思っていました。

クリエイティブ・ビジュアライゼーション（ポジティブ思考で自らを成功に導く手法）、アファメーション（望みを言葉にして出すことで実現に導く手法）、タイジング（収入の10%を慈善事業に寄付すること。喜捨）、そして祈りは、実りある現実を実現するのに効果の高い方法のはずです。私はそのすべてを正しく行ったのに、それでも音楽については失敗続きでした。一体何が起こっていたのでしょう？

多くの人には効果があったのに、なぜ私にも同じような結果が出ないのでしょうか？　神は、私に才能を与えておきながら目の前でドアをぴしゃりと締めてしまうようなことをしているのでしょうか。

来る日も来る日も私なりのやり方で、何らかのポジティブな変化を起こせるようにと祈りました。シンガーソングライターになりたいという夢を宇宙に祈り、スピリットガイドに祈り、天使にも助けてもらおうとしましたが、祈っても祈っても無駄でした。

そこで、私が神に与えられた才能を生かした仕事ができるチャンスをくれるようにと祈りました。もちろん、「天から私に与えられた才能とは歌うことです」と付け加えて。

「私の祈りが聞こえていないといけないので繰り返しますが、私はどうしても自分のレコードを発売して、リーディングの仕事を辞めたいのです。リーディングの仕事は面白く、そこからたくさんのことを学びましたが、そろそろ次の段階に進む時期ではないかと思うのです。リーディングの他にもっとやることがあると思います。もう終わりにしてもいいと思うのです」

祈り、アファメーションをし、第六感の声も聞き、そして天からのサインを注意深く見守りました。ところが、リーディングの仕事は次々に入ってくるのに、音楽の仕事は一向にうまくいきませんでした。

私は自分の第六感がどこかで遮られているかもしれないと思って、第六感を浄化してくれるよう天使に何度も頼みました。すると、またさらにリーディングをしてくれと頼む人やセミナーの参加者が増え、音楽のチャンスにはことごとく失敗しました。私はさらに祈りを重ねました。

「私は音楽の仕事がうまくいかないようにと祈ったつもりはありません。何度も祈り、何度もアファメーションを繰り返し、寄付もして、創造力を活かして望みをビジュアライゼーションもしましたし、不思議な天使のダンスも踊りました。とにかくヒットチャートに自分の名前が載ることが、人の役に立つには必要なのです」

　このように祈りを捧げていると、1本の電話がかかってきました。

「予約をお願いします」

　強い訛《なま》りのある男性の声でした。

「どこからお電話をされていますか?」

「インドからです」

　私はびっくりしてしばらく言葉に詰まり、咳払いをしてから平静を装って答えました。

「インドにも私ぐらいの能力を持つ方はいらっしゃるでしょう?」

　すると、電話の向こうの男性は答えました。

「私は空港であなたのことを耳にして、どうしても電話をかけて、あなたが世界中で必要とされていることを伝えなければと思ったのです。あなたのことを話してくれた人が、あなたに電話をしなければと私に思わせるようなことをたくさん教えてくれました。そこで私は、心から予約を取りたいと思ってお電話しているのです」

　私は彼の予約を受け、そしてあきらめました。

　そうです。私は天からのメッセージ、音楽をあきらめるという自分の祈りへの答えがはっきりわかったのです。このときの私の体験は、直観力開発セミナーで、祈りを通じて現実をどうつくり出していくのかを説明するエピソードとなりました。

形にはこだわらず、導きに従えば大丈夫

私が開催していたセミナーはどんどん人気が高まり、カナダ国内やアメリカからもクライアントが集まるようになりました。さらにそのクライアントが友人に私のことを話し、ヨーロッパ、南米、中国、日本と、クライアントがどんどん世界中に広がっていきました。

あるとき、日本の雑誌社で働いているクライアントから、トロントを訪れていた二人の日本人の予約が入りました。それまで日本人のリーディングをしたことはあまりなかったので、とてもうれしく思いました。

礼儀正しい二人が私のところに到着して、お辞儀をしました。私もお辞儀をすると、彼女たちはまた頭を下げました。さて次にどうしたらいいのか、私にはまったくわかりません。彼女たちの予約を取ったクライアントは、私と二人の日本人を残して帰ってしまったのですが、大事なことを私に言い忘れていたのです。そう、二人の日本人はまったく英語が話せませんでした。

困惑している私の目の前にいるのは、セッションを録音しようとカセットテープを抱えて微笑む二人の日本人で、私といえばどうしたらいいかわからずに汗だくになっていました。

私のリーディングスタイルは、心の目で見えたイメージをクライアントに解釈して伝え、それがクライアントにとって意味をなしているかどうかを確かめるという手法を取っています。ですから、日本人二人が私に見えたものが正しいと認めれば、次のイメージへと進み、もし私のイメージが彼女たちにわからなかったらもう一度イメージを見直して、現在や過去で見覚えのあるものが見つかるまで探るというやり方です。

ところが、イエス、ノーという言葉さえ交わさなかった彼女たちとの会話は、私にとってとても重要なものとなりました。さて、どうやって進めたと思いますか？

私は、よくわからないなら天使に聞いてみよう、と思いました。

二人の日本人のうち一人をリーディングのためにキッチンに招き入れ、その間、もう一人にはリビングで待つようにと告げて、最初の女性の前に座って祈りを捧げました。

私はその女性のそばで通訳してくれる天使がいないかと祈りました。本当に困っていたのです。すぐに私の周りをぼんやりと青白い光が囲むと、冷静になった私は瞬時に第六感を感じる次元へと入り込みました。

私は最初の数分間、次々と湧き上がってきたイメージを確かめながら、テープレコーダーに向かってただ話し続けました。すると、不思議なことに19歳のときにレイプされたときにパワーが全開によみがえったのと同じように、自分が2つに切り離され、2台のコンピュータの画面を同時に見ているような感覚になりました。穏やかに別の次元へと移る経験を味わった私には2つのことがわかりました。❶リーディングをしながら、伝わってくる情報と自分を切り離すことができるようになり、❷見えたことをリーディングの相手に確認しなくてはならないという思いから解放されたのです。

そして、見えているものから自分を切り離せるようになると、映像の一部ではなく全体が見えることに気がつきました。それでもこれまでのやり方に慣れていた私には少し勇気がいりましたが、あえてやってみることにしました。

次の日、予約を取った女性が私に電話をかけてきて、後で録音したものを二人のために翻訳してあげたそうで、日本人の名前の発音に私が少し苦労していたものの、二人は大喜びだったと話してくれました。実際、私が彼女たちの過去、現在、未来について語った内容はかなり正確でした。

そこで、私はとても興味深い教訓を得たのです。ある決まったかたちにこだわったままだと、さらに大きなものからのメッセージを見逃してしまう可能性があるということです。

受け取る情報にフィルターをかけるのは「経験」

それから、どうすれば第六感の声がクリアに聞こえるようになるのかのコツを自分なりに観察し始めました。すると頭脳を使ってつながりを探そうとすると、心がどんな状態でも受け取る情報にフィルターがかかることに気がつきました。第六感を開くのにかなり苦労している人の多くは、これが問題なのです。

私たちの意識にはさまざまなレベルがあり、あまりなじみのない第六感という概念も、理解されやすいような言葉に翻訳される際、さまざまな影響を受けてしまいます。例えば、私たちが宗教的な影響を強く受けていればサイキックな現象は邪悪なものだと解釈してしまい、恐怖を感じるのです。

けれども第六感は、心の中にある教義にも、頭で合理的に理解するシステムのような信念の中にも存在していません。むしろ知性が障害となることがあります。それを解き放ち、自らの生まれ持った権利を最大限に活かそうと思うのなら、これまでの生活で身についたやり方、考え方など多くのものを忘れ去る必要があります。

これはたやすいことではありません。第六感の声をつねに何にも邪魔されることなく聞くには、経験というフィルターをクリアにしておくことが大事です。

恋愛での悲劇

どんどん人気が出ていくことを楽しみながらも、私はまだ他人の視線や偏見と闘わなくてはなりませんでした。

あるとき私は、保守的なユダヤ教家庭で育った、面白くて優しく、しっかりと自分の意見を持ち、きちんとした教育を受けた男性に会いました。彼は私と同じぐらい読書が好きで、同じ冗談で笑い合える、一緒にいてとても楽しい人でした。私はユダヤ教徒ではありませんでしたが、母がユダヤ人だったこともあって、ユダヤ教には比較的詳しかったのです。

当時、自分ははたしてサイキックなの？　透視能力者なの？　と自分が何者なのかについて、自分自身を持て余していました。私は自分の職業にまだ抵抗する気持ちがあって、職業で色眼鏡で見られることが心地よくはありませんでした。ですから、この男性に出会って職業を聞かれた私は、サイキックと言えばきっと付き合う気にならなくなるだろうと思ったのを覚えています。

それからおよそ3か月後、「あなたはサイキック」というコースを教えているから夕食はご一緒できないと断ると、彼はパニックに陥り、彼の家の宗教と私の仕事のことを考えると、両親に会わせるわけにはいかないと言いました。

私は泣きました。彼は私のもとを去り、二度と電話をかけてくることもありませんでした。

次の出会いは、素敵な消防士が部屋に入ってきた瞬間、私の心がはじけたときでした。彼は私のことを好きになってくれました。ただし、彼が私の台所にあるタロットカードを目にするまでは。

彼は次のように言いました。

「僕の母も見える人だけど、僕をひどく殴るような人なんだ……もう行かなきゃ」

いいわ、さようなら。

次はワインのソムリエでしたが、私がアルコール依存症を克服したことを考えると、出会ったのは間違いだったと私を含めてみんなが思っていました。でも、彼はとてもハンサムで、そのうえ瞑想もするし、占星術などの知識もある人でした。彼は私の仕事が大好きで、自分の家系にも直観力を持った血が流れているんだと言いました。

私はワインのことはどうにかなるだろうと思っていましたが、「今、僕は君にどう見えているの？」と最悪のタイミングで聞いてきました。友人に紹介されたときにも、誰もが「今、私は何を考えていると思う？」「ねえ、どの宝くじを買ったらいい？」「誰が試合に勝つのかな？」

といったことばかり聞いてきました。わかった、さようならだわ。

そして、私は素晴らしく明るくて、ハンサムで優秀な弁護士に出会い、すんなりと仲良くなってうまくやっていました。

アイルランド系でカトリック教徒の彼は、花束と大きな箱に入った高価なベルギーチョコをプレゼントしてくれる素敵な男性で、何度か食事に連れていってくれ、4度目のデートでキスしたときにはうっとりしました。バハマにある彼の自宅に招待され、週末を過ごす……なんてロマンティックなんでしょう。

そろそろ彼に自分の職業を明かそうと思いました。ところが、素敵なレストランに行ったとき、私には彼の魂が「悪魔」だとわかってしまったのです。私は会話を避け、デザートも食べずに帰ってきました。

家に帰ると涙があふれて、チョコレートの箱を抱えて一気に食べてしまいました。

その後、親切な友人が独身男性の集まる豪華なパーティーに誘ってくれたこともありました。私は行くと言ったものの、友人が自分のことをどこまで話したのだろうと思いました。自分の職業についてたわいもない会話のなりゆきで話したくはなかったのです。

彼女は私がファッショナブルな私立学校に通い、スイスにいたことがあると紹介してくれたようでしたが、うっかり噂好きの人に薬を濫用して死にかけたと口を滑らせてしまい、私のことは「アルコール依存症を克服できた、10メートルの天使とともにいる、オーラの見方を教えたり、死者と会話ができる女性」ということになっていたのです。

私は面白い返答をするかわいい女性として振る舞いながら、パーティーの夜をずっとみじめな気持ちで過ごしました。

そしてまた、別の弁護士との出会いもありました。とても頭のいい、話し好きな弁護士で、私は物おじせずにいられ、彼に本気になりました。関係が深まり、電話番号を交換する段になって、私は直観的に彼に対して拒絶を感じました。

2時間後、「君が何をやっている人かまだ聞いてなかったね」と彼が言いました。私が職業を伝えると、「僕はそういうのは信じないんだ」と返ってきました。わかったわ、さようなら。

人によっては、私たちのような能力を持った人に対して、心の内を見透かされたり勝手に入り込まれたりするのではないかと疑ったり、恐れたり、よく知りもしないのにサイキックをまるで典型的なニセモノのように思う人がいることは知っていました。けれども恋愛の段階で拒絶されるとは、心の準備ができていませんでした。私は突飛な話をする人だと避けられていたのです。特に男性から。

このことは私が結婚を切望するようになってからは特につらく感じられました。どうしてこんなことを自分で予知できないのだろうと思う人もいるでしょう。でも、これからひどいことが起こるなんて、誰が事前に知りたいでしょうか？

第六感を捨て、心の赴くままに。

それが長い間に得た教訓だったので、クライアントに対しては問題点をすぐに見抜けますが、自分の「ボーイフレンドを探すレーダー」にはまったく第六感を働かせないまま、心の奥底にある「サイン」を後ろのほうに引っ込めておいたのです。

当時はわからなかったのですが、私が引き寄せていた男性は、自分自身の優柔不断な心を映し出したものでした。

使命と役割を自覚して

私が変人だとでもいうような態度をとられたのは、出会った男性だけではありませんでした。後になって、一番こそこそしていたのは実は私だったと気づきました。当時の私は、予約の電話をかけてきながら変なメッセージを留守番電話に残す人たちに慣れずにいました。

例えばこんなメッセージが残されていました。

「もしそちらから電話をかけてもらって私が出なければ、メッセージは残さないでください。あなたに会いに行くことを家族に知られたくないのです」

「夫は私があなたのところに行くことを知りませんので……また、こちらから電話します」

「妻が私のことをおかしくなったと思うかもしれないので、そちらにうかがったことは決して口外しないと約束してください」

「できるだけ早く予約が取りたいのですが、でも電話を折り返してくださったときに主人が出たら、どうか、新しい美容室の者ですと言っていただけませんか？　よろしくお願いします」

まあ、私にとっては理解できるような、できないような話でした。こうした態度が、心の底で認められたいと思っていた自分自身の気持ちとの葛藤を引き起こしました。

けれども、自分で「私は大丈夫」と高潔な気持ちで前を向いてさえいれば、人から認められたいという望みを自分の望みのリストから消してしまえるようになりました。

私の中にもそして私のカウンセリングを探し求めてやってきた人々の中にも、直面しなければならない恐怖はたくさんあり、クライアントが問題と取り組む姿勢に私が与えているガイダンスとまったく同じことが自分にも言えることに気がつきました。そしてはっきりわかったのは、私は影の存在でありながら、誰とでも話せる人なのだということでした。

パーティーに行けば、「ちょっとお話ししてもいいですか？　誰にも言えないようなことなんですが、予知夢を見るんです。夫は私をおかしいと思っていますが、でもそうではありませんん」などと相談されました。

セレブに相談されることも、私には珍しくありません。疑いながら私のもとを訪れ、確信を得て帰っていった医師もいましたし、教育レベルも宗教もさまざまな人たちがたった1つの目的で会いに来ます。自分がした経験が本当であるかどうかを理解したい、自分だけに起こったことではないと確かめに来るのです。

私は、人生には人が思う以上のことがあるということを、多くの人と確かめ合うことで人と人とをつなげられるのだと気がつきました。

リーディングを行う者として、クライアントの証言者になるのが役割ではないかと思い始めた私は、自分の仕事は他人の物語のナレーターのようなものだと考えるようになったのです。

私にとっては、ある一人の人間の歴史とその人に隠された可能性のある未来を読み解く、まるで読書をするような仕事であり、クライアント本人もその自分の可能性に出合うことができます。私の仕事が証言者、あるいはナレーターのようなものだと思い始めると、「ここでの会話は秘密にしておいてください」とクライアントから言われることにも耐えられるようになってきました。

結局のところ、自分の使命は、恐怖に陥り混乱している状態を理解できるように導く手助けをすることであって、読み解いたストーリーをどうとらえるかはその人次第なのだと思うことにしました。

「第三の眼」が開き始める

その頃、私は瞑想中や、眠りに落ちる際に繰り返し同じ経験をするようになりました。大きくて美しい、はっきりと見開いた黄金の眼が私に向かって瞬《まばた》きをするビジョンを見るようになったのです。

ふと目を開けると光も何もないのに、目を閉じると黄金の眼が現れるのです。黄金の眼の真ん中は空色、紫色、青色と変化しましたが、形など基本的な部分はいつも同じでした。

私が学んでいたクンダリーニヨガの先生に尋ねると、そのビジョンは私の第三の眼が世界に対して開き始めたサインだと教えてくれました。霊視能力が確かに備わり、使えるようになったと言われたのです。とはいえ、しばらくは自分の中でずっと見張られているような感覚がしていました。私はといえば、噂話をしたり、誰かと争ったり、他人をこうだと決めつけたり、偏狭だったり、独善的だったりで、何か特別に自己啓発的なことをしたわけでもなく、まるで自分の心にいつも見張り番がいるかのような気持ちになっていたのですが、見えていた眼は何かを判断しようとしているのでもなく、ただ観察しているだけという感じでした。

ある日、私はこの眼に話しかけることに決めました。

「わかりました。もし本当に私を見つめているのなら、何か理由があるのでしょう。その理由は何なのですか。私が話しかけているのが伝わっているというサインをください」

私が目を閉じると、眼は現れなくなり、それから数日間は現れませんでした。ところが、歯科医に行って目を閉じた途端に例の眼が現れて、私に向かってウインクしたのです！

少なくとも私にはユーモアがあるように感じられました。この経験はとても面白かったので、教えている瞑想教室の生徒にもやらせてみると、たくさんの人が同じ体験をしたのです。

当時、私には他人の第三の眼が瞬きしたりウインクをしたりするのが町中で見えるようになりました。

私は友人のベスとトロントにあるアパートをシェアして、独身生活を送りながら二人とも「特別な人」に出会うのを待っていました。

ベスはインドでの仕事が好調で当地へよく行くようになり、そのことも一人暮らしを考えるきっかけとなりました。

やがて恋に落ちたベスは、会社を売却してカナダに落ち着き、相手の男性と一緒に住むために家を買い、赤ちゃんも授かりました。私はとてもうれしかったのですが、彼女を見ていると自分も結婚したくてたまらなくなりました。

私は引き寄せの法則を使えば出会いもつくり出せると知っていたので、心から幸せになるよう「ドリームボード」を作って素敵な人を引き寄せることにしました。初めてこの手法を習ったときに、自分が望むものを宇宙に放つようにとも教えられたのですが、なぜかまだ結果が出たことはありませんでした。

8章　引き寄せたもの

ドリームボードとは、自分が引き寄せたいものの写真を貼ったり文字で書いたりし、さらに目指すゴールについて毎日瞑想をして、それがすでに実現したかのようにビジュアライゼーションすることで、夢の実現の助けを得るものです。

一定期間、通常は1年ほどしたらそのドリームボードを手放しますが、それまでの間に何らかのサイン、前兆、第六感など目指すゴールにつながるメッセージを受け取り続けます。

これまで作ったドリームボードは、必ずしも自分が期待した通りの期間内に叶ったというわけでなくとも、夢はおおよそ現実となっていました。

例えばあるとき、ジョシュアの木（ユッカの一種でアメリカ南西部に群生する）を特集した砂漠の風景の素晴らしい写真に出合った私は、その写真をボードに貼って、「今年、新たなわくわくする場所に旅行をします」とアファメーションをしました。

それから8か月後、写真撮影のため今まで行ったこともないカリフォルニアにある砂漠に行くことになりました。偶然にもその場所はジョシュアツリーと呼ばれているところでした。

ドリームボードとは一体どんなものだろうと思われるかもしれませんが、誰にでも簡単に作れます。1枚の厚紙などに、自分が実現したいことや物を宇宙に向かって書いていくというシンプルな手法です。

例えば、自分の思いを浄化するために、紙の上部には、天使、十字架、キリストの絵、ブッダのシンボルなど、何かしらスピリチュアルなシンボルを描いておきます。

そして、紙の真ん中に、幸せそうに微笑む自分の小さな写真を貼ってから、その周りに雑誌から切り抜いた写真や絵などを貼って、それを見ながら自分が引き寄せたいものをすでに手にした感覚を喚起します。

健康になりたいと望んでいたら、新鮮な果物や野菜の写真や絵、友情をはぐくみたいと思ったら人が一緒に笑っている写真など、望むものの本質を感じるものなら何でも大丈夫です。私は紙の一番下に「すべて自分のため、あるいはもっと高尚な目的のために、これらやこれ以上のことを実現します」と書き記しておくことにしています。

私はこの方法で結婚相手を探し出そうと思いました。

そこでドリームボードに、笑いながら口づけをしているカップルの写真や、美しい花嫁の絵、背が高くて色黒でハンサムな私の理想の男性の写真などを貼りました。

そして、わずか数か月後にスティーブに出会ったのです。スティーブは私の仕事を怖がるところか、素敵だと思ってくれました。私にはそれだけで十分でしたが、ドリームボードに貼った写真通りの男性でした。

私たちはすぐに互いに惹かれ合って恋に落ち、私の望み通りに彼が結婚を申し込んでくれました。もちろん私はうなずきました。

けれども、私が見落としていたことが起こってしまいました。彼が私の手をとったときに、私の心の声が『この人は結婚すべき相手ではない！』と言ったのです。

何かが違う。何が違うの？　私は悩み、そして結婚に同意しながらもずっと考えていました。けれども結婚したくてたまらなかった私は、一緒に住むために町のはずれに引っ越しました。友人は、私のことを「町はずれのスワミ（訳注：ヒンドゥー教の「師」の意味）」と呼んでからかいました。

私は心の深い部分に不快感を抱えたまま、どちらにしろ彼と結婚することになるだろう、それが正しいんだわと思い、結婚に踏み切りました。けれども、これは二人が健全な関係を続けていこうと思うのならば互いに克服しなければならない部分があると知る、つらい経験をすることになりました。

私は、彼と一緒にいることで恐ろしいほど自分に素直になれたと同時に、どんどん醜く太っていきました。結局、結婚は長くは続きませんでした。それでも私も彼も決してこの結婚が間違いだったとは思っていません。私たちは結婚したことで互いに大いに学び、自分が背負ってきた傷を共有することで次の段階へと進んだだけなのです。私たちが得た教訓は、自分が欲しいものを手に入れても、必ずしも思ったようには進まないということでした。

自分でも最初からこの結婚は長くは続かないとわかってはいましたが、結婚を経験するべきだという第六感も感じていました。というのも、自分の心の中にある、健全かつ互いを尊重でき、慈愛に満ちた愛情深い人間関係を築けずにいた原因をきちんと見つめなくてはならないと知っていたからです。

ときに人は直観的に人間の「暗い部分」に進んでしまうことがあります。けれどもそれは、自分が癒され、本当の喜びを知るために直面しなければならない問題が自分自身にあるからなのです。心のどこかでたとえそれが手痛い経験になるとわかっていても、同時に今の自分にとって必要なことだと直観的に感じれば、それを信じて、解き放たなくてはならないものを手放すプロセスを経る必要があるのです。これまでの過去を振り返り、幾重にも積み重ねてしまったものを少しずつ自ら剝ぎ取って、本当の自分に向き合えば、必ず精神的にも成長できるのですから。

結局のところ、私たちの結婚にはたくさんの得るものもありました。例えば、スティーブが励ましてくれたおかげで、私は仕事で名を成すことへの恐れがなくなりました。

結婚前には、メディアでの紹介を断っていましたし、宣伝することなど一度も考えたことがありませんでした。もし、自分が本物なら、人は口コミで私を探してやってくるだろうとしか考えていませんでした。それに自分の能力を使って仕事をすることへの迷いもあったので、宣伝も一切せず、私生活にまで仕事を持ち込めば能力が損なわれてしまうとさえ考えていたのです。

私は本当の自分探しでもがきながら、結婚して自分の新たなアイデンティティが見つかるのを期待していました。けれども、郊外に住み、普通の主婦でいることは私には合わないとわかったのです。

スティーブは私に、カナダのファッション誌『フレア』でのニューエイジ記事の連載依頼を受けたらいいじゃないかと勧めてくれ、そこから私はもっと真剣に自分の仕事をとらえられるようになったのです。

運命の手

ある日、私はニューメキシコから訪ねてきてくれたアレックスに会いました。彼女と私はすぐに不思議なつながりを感じ、初対面なのにそんな気がしませんでした。

いつかは彼女と一緒に仕事をするだろうとどこかで感じつつも、初めはその感覚も打ち消してクライアントとしてのアレックスとしっかりつながると、自分が彼女とともに働く姿が、まるでテレビを見ているように見えたのです。

そこで、彼女のエネルギーを見てみると、入ってくる映像がまるでリモコンでチャンネルがコロコロ変わるようにあまりに多くてくらくらしました。

アレックスが腰を下ろすと、私はリーディングを始め、馬に乗った若い女性など見えたものを口にし始めました。彼女は私の話を遮って、私に見えているものは彼女がその日の朝、編集していたフィルムだと言いました。

次に私は、彼女が夫と一緒に取り組んでいる映画の話へと進み、その映画がどんな映画か、そしてその映画の仕事で世界中を飛び回る二人の姿が見えると話しました。アレックスは、「その通りです」と言って、直観力やサイキック能力などを持つ人の人生を探る映画を制作していると付け加え、その映画に出てみる気がないかと尋ねました。私にはそんな気はないとお断りしました。

1年後、かつてのルームメイトのベスが、部屋に置きっぱなしにしている荷物が必要になったと連絡してきました。

当時そこにはアレックスが住んでいたので、彼女の電話番号を探していると、1時間ほどして私の家の電話が鳴りました。なんとアレックスからの電話で、どんな映画か一度見てみないか、そのうえで興味が持てないようだったら誰か紹介してくれないかと言いました。何か重大なことが起ころうとしていると感じた私は、アレックスに「ちょうどあなたの電話番号を探していたところだったのよ」と告げながら、このシンクロニシティには意味がある、ただの偶然ではないと感じていました。

アレックスからの封筒が届いたのは、電話があった翌日、私がちょうどスティーブに映画の話を断ったと話しているときでした。そのときのスティーブの言葉はまるで昨日のことのようにはっきりと覚えています。

「ねえ、コレット、君には人を助けるすごい才能があるんだよ。なのに人を助けないで、何をしたいの？　君に与えられた才能があるのに、それを隠して生きるのでいいの？」

私は、アレックスからの封筒を開けることなくすぐに彼女に電話をして、映画の話を受けることにしました。

アレックスが手がけていた映画は『運命の手』というタイトルで、ダライ・ラマのインタビューを含む、第六感を持つ六人を特集したものでした。初めは少し怖くもありましたが、私は能力を持った日常がどんなものなのか、音楽をあきらめるしかなかった経緯などを気がねなく語りました。

そのドキュメンタリー映画はたくさんの映画祭で上映され、結果、私を知った世界中の人々が私のクライアントになりました。映画のおかげで、私の人生で最も大事な人々、つまり自分の能力を理解し合える人たちと出会えたのです。

運命の車輪は回る

アレックスと出会った直後、私は自分のセミナーでいつも使っている、チャクラに働きかけるオリジナルの瞑想法を録音しました。

サンスクリット語で「車輪」という意味のチャクラは、車輪が回るように生物学的エネルギーを押し出す役割をしており、脊椎《せきつい》の基底から頭頂部まで7つあるチャクラにはそれぞれに対応する色があります。

チャクラはまた、Cメジャースケールの7つの音階と共鳴するといわれ、音楽を伴ったビジュアライゼーションや瞑想は、癒し、エネルギー強化、第六感を遮っているチャクラのブロック（詰まり）を取り除いて浄化します。

セミナーでは収録済みの音楽を流して瞑想していたのですが、テープにしてくれという要望もあり、精度の高いものに録音して収録しようと思い立ったのです。

音楽に詳しい私は、マーズ・ラザーという一流のニューエイジ音楽家をパートナーに迎えて、さらにインパクトのある瞑想法を録音しようと彼と話してから、24時間もしないうちに友人がプレゼントしてくれたチケットでロサンゼルス行きの飛行機に乗っていました。

興味をもってもらえるようデモ用に最初の3つのチャクラへ働きかける曲を作ってレコード会社に持っていきました。

家に帰ると、再び聖なるつながりが偶然にもたらされました。

ニューヨークに住む友人が電話をしてきて、「あなたは近いうちトロントに住む女性と会うことになると強く感じるの」と言った瞬間に、その女性とはディーナのことで、電話はこれから二人が一緒に何か大事なことをすることになるというメッセージだとわかったのです。

ディーナとの最初のプロジェクトは、チャクラの旅を通じて「心と魂の渇きを満たす」会社、コズミッククッキーカンパニーを設立するため、マーサズ・ヴィニヤード（マサチューセッツ州デュークス郡にある島）に一緒に行くところから始まりました。

そして、ロサンゼルスにとんぼ返りした私がマーズと完成させたＣＤは、発売後1か月でカナダ国内売り上げトップとなり、再注文やどうやってこんなに売れるＣＤが作れたのか疑問に思うバイヤーからの電話が殺到しました。ディーナと私は、私たちの作った瞑想法が世の中に受け入れられていると知って興奮しました。

私たちの成功は、これから先私が何をするべきかがはっきりしたきっかけとなり、この頃私はスティーブとの離婚を決めました。一緒にセラピーにも通ったことも、結果的には私たちの別れに大いに役に立ちました。私たちは互いの人生の旅や才能を大事にするために今後は友人となろうと、結婚生活最後の旅に出かけたのです。

9章　夢が現実になるとき

クライアントの一人に、レコード会社の経営者がいました。私は彼とのセッション中、これから先もさらなるつながりができるという強い第六感がありました。

トロント北部からやってきた彼との最初のリーディングをよく覚えています。私が彼に伝えたのは、彼がニューヨークからオファーがあった仕事を引き受けるだろうということと、本を書くことになるだろうということでした（当時、彼に執筆の予定はまったくなかったそうです）。

その後、これらの私が見たことが実際に次々と起こり、彼のリーディングを数年間続けるうちに、彼と友人になりました。

私の音楽の才能にも興味を持ち、私の潜在能力がビジネスになるとも考えていた彼は、本を書き終えると、トロントに戻ってレコード会社、ＥＭＩカナダの仕事に就きました。

瞑想法の効果を知り、実際にチャクラの旅の瞑想法を行うことで独立という成功を収めた彼は、ＥＭＩの部長全員や元社長に私がＣＤを手渡せるように招待してくれました。

私は、ＣＤを聴いてくれた人たちが心を開いてくれることだけを望んでいましたが、実際、13人の経営陣のうち11人が2時間のプレゼンですっかり打ちとけてくれ、数週間で全世界に向けてＥＭＩからＣＤを発売できることになったのです。

回り道でしたが、いつかＣＤを出したいと思っていた私の夢が叶ったのです。

プロデューサーのトリ・アモスとエリック・ロゼから電話があり、きっともう1枚瞑想ＣＤを出す話だろうと思って私は飛行機でロサンゼルスへと向かいました。エリックは何かを強く感じて、私に自分と一緒に作詞をしないかと言ってくれました。

カナダに戻った私は、まだ決まっていない仕事をするのに経済的な不安を感じながらも、何か不思議なことが起ころうとしているのを感じて興奮しました。

そして、私は自分で作った曲を聴いてもらった直後に、『Magdalene's Garden』というタイトルでＥＭＩからシンガーソングライターとしてデビューさせてもらいました。

私はドリームボードに一度書いたことはあきらめないと決めていました。古いドリームボードを取り出してみると、そこには14年前に描いたＥＭＩのシンボルがありました。

不思議な過去への旅

運命のように、瞑想CDの成功に続いて『Magdalene's Garden』のレコーディングの夢を果たした私は、イギリスで第六感について教える機会に恵まれました。イギリスには住んだこともありませんでしたが、イギリス諸島、特にイングランドに深い親しみを感じ、まるで土地に呼ばれるまま故郷に帰ってきたような気がする自分に気がつきました。懐かしくて心地よい感覚のするイングランドという土地と私には、スピリチュアルなつながりがあるとわかっていました。

そこでロンドンでの講義の準備をしている間に、イギリス南西部にあるサマセットのグラストンベリーを訪れてみようと思いました。そこには以前一度行ったことがあったのですが、そのときは人と一緒で集中できなかったので、今度は一人で行くことにしました。

アーサー王が眠る場所という伝説のあるグラストンベリーは、アリマタヤのヨセフによってイギリスで最初にキリスト教会が建てられた場所で、ドルイド教の女神に仕えていた女性司祭たちの伝説の故郷、アヴァロン島があったとされています。

歴史家や神秘学者はアヴァロン島が本当にこの地にあったかどうか数世紀にわたって論争を

重ねていますが、1つだけ確かなのは、グラストンベリーはローマ帝国の侵略によって滅びたイギリス古来の伝統とキリスト教の融合を象徴する場所だということです。この地の不思議な感覚を求めて、グラストンベリーにはさまざまな場所から多くの人が集まります。

私は、前述したようにずっと女性司祭のシンボルに強く惹かれ、アヴァロン島の女性司祭と同じ青い三日月の印を幼い頃から額に描いていましたから、神話の里アヴァロン島と強いつながりがあると信じていました。

その1か月ほど前、私は「レイキ」を学んでいました。レイキの先生のアンジェリークは、私のクライアントでもあったのですが、リーディングで疲れ果ててしまった私のエネルギーを癒してくれるようになっていった彼女に強いつながりを感じていました。そして、アンジェリークからレイキ教室を始めるつもりだと聞いた私は、それを一から学ぼうと思ったのです。

レイキを始めたのは、何より私の好奇心からで、同時にもし自分の中に残ったネガティブな影響を及ぼすエネルギーを浄化できれば素晴らしいとも思いました。

ある日、レイキ教室で、目を閉じて深い瞑想状態に入るよう言われました。すると私は、瞑想中に小さな光の粒にあふれた異次元に入るという、とても強烈な経験をしたのです。レイキ教室にはジーンズとTシャツを着ていったのに、そのとき突然、濃いブルーのざらざらしたドレスを着ている感覚がしました。

アンジェリークのヒーリンググルームで円になって座っていた私は、気がつくと井戸のそばの石垣に座っていたのです。ヒーリンググルームに流れていた音楽とはまったく違う、女性たちの詠唱と自然音に囲まれ、森が放つ強い匂いをはっきりと覚えています。私は、アンジェリークのヒーリンググルームにいながら、別の時代に来たのだと自覚しました。そこは不思議かつなじみのある古い時代の場所でした。私は、その場所の匂いを嗅いだことで詠唱する女性たちが誰なのかも、私の心深くにあった望みも思い出したのです。

井戸のある場所にいた女性のうち二人は今世にもいると感じたり、当時私はいくつかのヒーリングを行っていて……と思い出している途中で突然、瞑想の時間が終わって現実に引き戻されました。

グラストンベリーに到着すると、気づきのきっかけとなるさまざまなことが私に起こりました。

土地のエネルギーを感じながら、ただ辺りをうろついただけでくらくらするほどでした。まるで酔ったようになってしまい、ゆっくり呼吸するように自分に言い聞かせながらも、自分が受け取っているメッセージを整理するのにしばらく時間がかかりました。

つねにささやき声が聞こえていましたし、廃墟でしかない場所にははっきり建物が見えました。人が歩いているのを感じて振り返ると、もういなくなっていることもありました。

午後4時近く、今にも雨が降り出しそうな空模様でした。そこで私が目にした風景が、レイキ教室の瞑想で見た井戸とあまりにもそっくりだったので、震えながら井戸に近づきました。そして、私はその場所をはっきり知っていると確信し、今では瓦礫《がれき》の山になっている場所にかつて目印があったことまではっきりわかりました。

不思議な場所を感じ、感情と憧れが心からあふれ出てきました。それはまるで、一人は今の私、そしてもう一人は異なる時代の私と、自分が二人いるような感覚でした。

私は熱心なキリスト教徒でしたが、女神と自然を崇拝する古代ドルイド教とも心の深い部分でつながっていました。私は地面に座り、落ち着いてから祈りを捧げました。目を閉じるとすぐに、自分の中の二人のエネルギーが融合して、皮膚がピリピリするのを感じました。それはとても面白い経験で、エネルギーが融合してもなお自分のそばにもう一人のエネルギーを感じていました。ところが逆に、すぐそばにいる存在に集中すると、なぜか余計にその存在が感じにくくなってしまうのです。これは、私が自分の能力を使うときにもよく起こるのですが、そんなときは五感や頭を使うのをやめて、ぼんやり観察することにしています。第六感で見えるビジョンやわかる感覚は、多くの人が思っているのとは逆で、〝焦点をずらす〟とはっきり伝わってきます。

少なくとも1時間ぐらい、井戸のそばで瞑想していたでしょうか。私が庭を去る頃には大きな雲の向こうから日差しが漏れてきました。私は自分に何らかの変化が起こったのを感じていました。同時に昔、ある聖なる存在が他の存在へと取って代わられたときに起こったに違いない変化に思いを寄せ、なんだか寂しくなりました。

帰ろうとすると、大きな声で自分の名が呼ばれるのが聞こえました。私は一人きりのはずなのに、とその声に驚いて辺りを見回しましたが、こちらを見向きもしない老人を除いては、辺りに誰もいませんでした。

落ち着こうと、しばらく立たずみ、湿った空気を吸い込むと、『コレット、私を思い出して』という女性のささやく声が聞こえたのです。本能の声を無視するわけにはいかない、と思うと同時に、直観能力者への道を選んだのは間違いではなかったと確信しました。

私は自分の能力を受け入れ、他人のために能力を使わなくてはならないと理解しました。この気づきはとても大事な意味を持っていました。というのもその頃、新たにレコードを発売するとなると、第六感の能力で人を助けるという私の本来の人生の目的から外れてしまうのではないかと思っていたのです。

その夜、ベッドに入った私は自然界の掟や、どのように自然を崇拝し、守り、大事にするかを知っていた別の時代の自分の夢を見ました。そして、わかったのは、どんなことでも自分の気持ちを他人に押しつけることはできない、人間性や神、女神、母なる自然、地球に責任を持って生きなくてはならない、ということでした。

グラストンベリーと私との接点を言葉にするのは難しく、「故郷に帰ったような」気持ちになったとしか言いようがありません。

欲しいものではなく、必要なものが手に入る

カナダに戻った私は、次に発売するCDの仕事で忙しくなり、スピリチュアルなつとめがおろそかになってきました。リーディングと音楽の両方をこなしつつも、毎日の祈りや瞑想をしなくなっていました。気がつくと何も見えない不快な状態になっていました。私は音楽家としての再活動に全力を注ぐあまり、スピリチュアルへの関心が薄れてしまっていたのです。

国内の大きな音楽賞の受賞式の直前、ＥＭＩ主催の夕食に招かれ、ワインの瓶を前にして座ったとき、私はこの15年間で初めて、ちょっとだけ飲んでみようかなと思いました。

でも、私は自分が大変なことになっていると自覚してすぐに家に帰りました。スピリチュアルな人生を送らなければ私は存在していないも同然なのに、天使の存在も、夜にお礼を言うことも、朝に導きを求めることも忘れてしまっていたのですから。

そこで私は、未来を決めるには2つの望みのバランスを取らなくてはならないと思い、再び毎日のつとめを始めて、自分をよく見つめる時間を持つことにしました。音楽を続けていきたい気持ちがあるのなら、周りの期待を逆に手放さなくてはならないことが自分でもわかったのです。

これから先何が起こったとしても、私はすでに自分の夢を実現してしまったのだと確信しました。私の音楽に対する愛は本物であり、エゴからではなく心も魂も音楽を望んでいると証明できたのです。自分には才能がある、だからシンガーソングライターになれるのだというビジョンは確かなものだったと信じることができるようになりました。

私は人生のそのときそのときのどんな望みも実現してきましたが、たった1つ、最も望むものは私の中にしかない、と気がついたのです。真のスピリチュアルな教訓とは、「成功はインスピレーションから生まれる副産物でしかない」ということなのです。

あなたが追い求めているもの（他人の賞賛、幸せ、お金、名誉、権力など）が手に入ったとしても、はたして本当に望んだものが得られたかどうかはわかりにくいものです。

両方の望みが手に入ったと思った瞬間に、私の人生はバラバラになり始めました。私は音楽もスピリチュアルの仕事も両方楽しみながらも、「スピリチュアルの仕事を優先しなくてはならない」と思おうとしました。音楽関係の仕事は私にとってわくわくするようなものでありながら、直観能力カウンセラーほどうまく進みませんでした。レコードを出し続けても夢見ていたように成功できるわけではないという現実を突きつけられ、うつに悩まされるようになったのです。その現実を頭ではわかっていても、心が納得していなかったのでしょう。

ある夜、私は夢を見ました。大昔の森の中、私が大きなごつごつした木の下に座っていると、不思議な白髪の男性が半透明な姿で目の前に下りてきました。

私はパジャマ姿だったので慌てて、「私ったらどうして森の中でパジャマを着ているの？朝起きて、着替えるのを忘れてしまったのかしら？」と言ったのを覚えています。老人は、私の頭の中を読んだかのように（実際、彼は読めたのですが）笑って言いました。

「君は、自分では目を覚ましていると思っているようだが、自分のことを人間性ごとすっかり忘れてしまったようだね。君は、自分を照らしてくれる場所、大事なことを忘れているね。想像でなく、自分の中にあるビジョンだけを信じなさい。真実だけを求めなさい」

私は夢のメッセージに気をつけようとしても、普段は起きると忘れていることが多いのですが、今回は違いました。老人の言葉が私の中にはっきりと、いつまでも響いていました。

目を覚ますと、見た夢の話を日記に全部書き留めました。そして、お祈りをして、メッセージをもっとはっきり理解できるサインをくださいと求めました。

車に乗り込んでラジオをつけると、ローリング・ストーンズの「欲しいものが手に入るのではなく、必要なものが手に入るんだ」という歌詞が聞こえてきました。他の局にラジオの周波数を変えると、今度は、なくなった何かが忘れられないといった歌が聞こえ、さらにジョン・レノンが調和の中で生きるという曲を歌っているのが聞こえてきました。

運転中に聞こえてきた歌詞から、あの夢の中のメッセージ「大事なことを忘れている」の「大事なこと」とは「自分のアイデンティティ」、つまり自分自身だったとわかったのです。

私はといえば、エゴの望むときにエゴが望むままになってしまっていたのでした。私が自分で自分が一番大事だと言うときには、自分と意識しているものより高い次元の自分、さらに高い次元、宇宙、偉大な神とつながっていることを意識できるスピリチュアルな自分を忘れてしまっているのです。

たとえ自分にとって一番興味が持てるものでなくとも、魂の望むものと自分の欲しいものが調和し、一致したら、望むものはいつでも満たされることになります。

その夕べ、私は座ってマニフェステーション（宣言）をし、次のワークショップで創造豊かなビジュアライゼーションができるようなプランを練りました。

私は「自分が欲しいものを実現する」のではなく、老人が私に向かって言った、「自分の中にあるビジョンを信じなさい」といった言葉を何度も繰り返しました。必ずしも望むままに求めるものではなく真実を求めることが大事だと悟ったのです。

私は自分がやろうとインスピレーションを感じたことは直観的に受け取っていたのですが、それは自分の望むビジョンとはまったく異なるものでした。

インスピレーションはとても大事なカギです。というのは、インスピレーションは魂から湧き上がるものなのですから。それに対して望むものに対しては初めは燃え上がっても、やがて行き詰まってしまうことが多いのです。

私が「望んだもの」は、物質的にもそうなるよう周りに押しつけていることもあるので、みんなの利益にならないこともあると知りました。私がうつになったのも、エゴが望んだままに進んだ結果の姿でした。

第六感は、すべての人がつながって調和を取っている宇宙と同じ線上にあるという点がカギです。これまで私がとらえていた以上に、第六感を取り戻すことにはさらに大きな意味があるとはっきりしてきました。

私は、自分が歩むべき正しい道へと導いてくれるよう祈りました。

10章　魂の運命

心の中はロンドンに戻りたいという気持ちでいっぱいでも、２つの仕事を抱えた私はクタクタに疲れ果てていました。そして、長い間クライアントだった人がロンドンに移り住み、そこから招待状を送ってくれるというチャンスに飛びつきました。

親友でもある世界的に有名な占星術師、シェリー・ヴォン・ストランケルが、毎月女性のためにスピリチュアルなテーマで開催される、ルナークラブ（月のクラブ）という夕食会に私を招いてくれたのです。高級住宅街、チェルシー地区にある会員制クラブで行われる会の招待を私はすぐに受けました。

それから、私がロンドンを訪れると聞いた別のクライアントは、Ｗという国際的な雑誌社に連絡をしてくれました。偶然にも編集者がロンドンにいたので、私を取材してくれるように頼んでくれたのです。

私はインタビュー前にはとても緊張して、いくつか大事なことを忘れないように頭の中で自分の答えを繰り返しました。当時、私は自分が「サイキック」でなく「直観能力者」であることにこだわっていて、雑誌に載ることでその呼び名が広がることを期待していたのです。国際的な出版社に関わるのが初めてだった私は、取材を受けることに興奮しながらも不安にも感じていました。『Wマガジン』はその辛辣な鋭い視点とゴシップ記事でも有名でしたから、私も1つや2つ、傷つくようなことがあるのを覚悟していました。ところが、編集者のケビンは私と素晴らしい知的な会話を長時間にわたってしてくれました。

彼は私に敬意を示して真剣に接してくれたので、取材が終わったときには満足感を覚えていました。私は記事が出るのを固唾を飲んで待ちました。

わくわくしながら雑誌を開くと、そこには「サイキック・ホットライン：電話で行うサイキックリーディングは、ちょっとの呪文とちょっとのロックンロール」というタイトルの記事が載っていました。

きっと、私は本当の自分が望まないことをアファメーションしているかもしれないと、もっと注意しておくべきだったのでしょう。引き寄せの法則を使う際には、自分の焦点を何に当てるかが大事だということを忘れてはならないのです。

とはいえ、見出しには感心できなかったものの、記事自体の内容は公平なものでよく書けており、結果的に私にさらなるシンクロニシティを引き起こしてくれることにつながりました。記事のおかげで世界中から仕事の依頼がどんどん舞い込むようになったのです。その一方で、私は自分が自責の念に駆られているのに気がつきました。

クライアントが増えることが、私の人生にどんな意味があるのだろうか？

何が私を必要として、こんなことが起こっているのだろうか？

もっと発展的に世間の役に立つにはどうしたらいいのだろうか？

それは音楽を通してなのだろうか？

私はクライアントが私に尋ねてくるような疑問を自分自身に対して感じ始めていました。そこで次なる人生のビジョンを求め、もたらされたメッセージが、「本を書くこと」だったのです。

歌詞や詩を書くのは大好きな私も、こと本を書くとなるとひるみました。それでも瞑想をするたびに、自分がステージ上で多くの聴衆の前で自分の書いた本について語る姿がはっきり浮かんできました。けれどもどうすればそれが実現するのかはまったくわからず、その道筋を求めて祈ったのです。

まだ時期ではないと思える知恵

『Wマガジン』の記事のおかげでさらなるメディアが私に興味を持ってくれましたが、私は急に有名になる心の準備ができておらず、直観的にも人前に出ることへの拒否感がありました。雑誌に記事が出てから数週間もしないある日、有名なテレビ番組のプロデューサーから、よかったら番組に出演しないかというメールをもらいました。

世界中の視聴者の前に出るのは、私の音楽のキャリアにも直観能力カウンセラーという肩書にとってもチャンスでしたし、いつかゲストとして呼ばれたいと思っていた大好きな番組でもあったのです。ですから、初めは出演したいと思ったのですが、その前にハイヤーセルフが何と言うか、祈りを捧げなくてはなりませんでした。

次にどうなるのかというビジョンを得ると、自分がサインをし（明らかにエゴにコントロールされた見え方です）、世界中を飛び回って歌を披露したり、第六感について人々に語る姿が見えました。でも、私が受け取ったメッセージは、『もう少し待ちなさい。まだです。あなたのエゴが欲していることで、まだその時期ではありません』というものでした。メッセージを聞き間違えたかと、もう一度祈りましたが、聞こえてきたのは、『丁重にお断りしなさい』という言葉でした。

私はその通りにしました。私にはまだ準備ができていなかったのです。2つの道（ミュージシャンと直観能力カウンセラー）のバランスが取れずに混乱し悩んでいたのですから。

私は宣伝も勧誘も一切したことがありませんでしたし、音楽に没頭しすぎることで第六感が弱まるのも心配している有様でした。こうした仕事に抱いている自分の恐怖心を自分の中で納得して解決する必要があると心の奥深くで思っていたのも確かです。当時の私はまだ他人の賞賛を追い求めていて、心休まることがありませんでした。大勢の人前に出ることやそれが及ぼす影響を考えると悩みましたが、あのとき世に出るのは正しい判断ではなかったと思います。

数か月後、直観と音楽の両方にきちんと集中して、ＥＭＩから出す次のＣＤのためのレコーディングに入りました。1枚には7曲の歌が収録され、もう1枚は瞑想ＣＤという2枚組です。私は、リーディングで忙しい中、数か月に1度はワークショップを開き、そして作詞作曲もするという日々を過ごしていました。

その頃、私は書店で開催されたブラインドデートで、マークを紹介されました。

彼は私のソウルメイトでもあり、正直で心の広い、スピリチュアルにも精通したユーモアのある人です。そのうえとてもハンサムでした。私の愛犬が彼を気に入ったというのも、愛犬と一心同体の私には大事な点でした。マークは、私が自らの道をもう一歩前に進むのを手助けしてくれました。私の周りの世界はやっと落ち着き、次の急展開への準備が整ったのです。

ロンドンで多くのシンクロニシティを経験した私は、テッサ・グラハムという女性と知り合いました。彼女と私が初めて電話で話をしたのは、『Wマガジン』に私の記事が載った数か月後のことでした。

　そのとき何を話したかははっきり覚えていませんが、彼女の声とエネルギーから、ずっと昔からの知り合いのように感じられ、彼女も同じように感じていました。私は彼女に、自分が本を書きたいと思っていることと、第六感で感じることをすべて日常に活かせるような場を作る手助けのできる著者・指導者になるべく名乗りを上げたいと語りました。彼女は私の話に興味を持ってくれて、電話での会話から数か月後には直接会うことになり、それにより大きく前進しました。

　テッサがかじを取る私たちの船は、海へとこぎだしたのです。そして私が本当に書きたいことに焦点を絞り込むまでに1年ほどかかりました。

　クライアントの一人、ジャニスというフリーの編集者のことが何度も頭に浮かんだので、彼女に電話をかけてみました。10年前に彼女自身が気づく前に妊娠しているのを私が告げたという不思議なこともあって、私たちの間には強いつながりがあると感じていました。彼女にたまたま執筆を手伝う時間があるということも幸いでした。手伝ってくれるお礼として彼女にリーディングをすると、私との仕事が終わった数日後には出版社に編集者として雇われることになるのが見えました。そのとき私たちは、そんな仕事が来ればいいわね、と笑い合ったのですが、結局、私のリーディングは現実となりました。

4か月余りの間、週に1度か2度彼女に会って仕上げた原稿をロンドンのテッサに送り、テッサがロンドン・ブックフェアに間に合うように原稿を仕上げてくれました。私たちは興味を持ってくれた出版社と何度もミーティングを重ね、ヘイハウス社が最もふさわしいだろうということになりました。

神のサインを受け取る

正しい道筋を進んでいるときには、何かしらのサインを受け取るものです。スピリットガイドや天使、神が一緒になって、あたかも「今、あなたは宇宙の中のここにいますよ」と示すかのように、私の気を引くかたちでサインを見せてくれるのです。だからこそ、傷つき、自殺をはかったり、アルコール依存症になったり、感情的・精神的に崩壊してしまっていた私が、ほんの一瞬、スピリットからのメッセージを受け取って、人から受け入れられ、人を癒し、役に立つ存在へと変われたのだと、最近になってますます思えるようになりました。

私はヘイハウス社の社長兼CEOであるリード・トレイシーとの打ち合わせに招かれました。私は招待を受けることが正しいと感じてはいたものの、まだ本当に招待を受けていいものなのか、それとも自分で正しいことだと思いたいだけなのか、確信が持てずにいました。そこで、どの飛行機に乗ればいいかを示すサインを天に求めて、示された通りの飛行機に乗り込みました。すると、1つならずいくつものサインを受け取りました。

まず、私は赤ちゃんを抱いた母親の隣の席に座りました。その男の赤ちゃんの髪はブロンドで、瞳は人目を引く明るい青みがかった緑色でアジア系という、普通はあまりお目にかかれない、どこかの銀河からやってきた天使のようでした。まるで10か月の赤ちゃんの体の中に古代の男性が入り込んだかのような、この世のものとは思えないエネルギーを持っていました。

その男の子の母親と話をしましたが、母親いわく、「この子はいつもより気持ちが落ち着いているみたい」とのことでした。

赤ちゃんは、私の目の奥をまっすぐ見つめていました。母親と年齢の話などしながら、47歳で年相応の私の肌と比べ、赤ちゃんの肌がとてもやわらかそうなので、思わず肌に触れてもいいかと尋ねました。すると、赤ちゃんは私の目をまっすぐ見上げながら、急に私の腕に向かって寄りかかってきたのです。その姿はまるで本物の天使のようでした。そして、『互いに異なるように見えているのは、錯覚にすぎません。あなたはいつも永遠の存在なのです』という言葉が聞こえてきました。

私があまりのことにぽかんとしていると、母親も「めったに人に抱っこされようとしたりしない子なんです。知らない人にはまずないんですよ。ちょっとこの子の父親に話してくるまで待ってくれますか?」と言い、赤ちゃんを抱っこして父親の席に歩いていきました。そのときなんと、頭を母親の肩にのせた赤ちゃんが私のほうを見てウィンクしたのです。間違いなく、それが1つ目の天からのサインでした。

サンディエゴに到着すると、身なりのきちんとしたアフリカ系アメリカ人の男性運転手が外で私を待っていて、リムジンまで荷物を運びましょうと申し出てくれました。お願いしますと言ってから、私はカリフォルニア州に来たら必ず飲むことにしている砂糖の入っていないコーヒーもお願いしました。

その男性運転手はとても礼儀正しくて親切でした。彼は自分がキリスト教徒の生まれ変わりだと口にしました。私は興味を持って、モラルやその責任、神との関わり、地球のことなど深い話を交わし、私と彼は表現が異なっても、基本的にすべての点で同じ考えなのに気がつきました。彼は「他にもいろいろ考え方はあると思うが」、と繰り返し言いながらも、エゴの世界とは真逆の道筋にある神の世界について語りました。彼の話に、私も納得しました。予期せず思いもよらない話を運転手としたのです。

目的地に着くと、運転手は車のドアを開け、情熱と喜びに満ちた顔で「あなたが祝福のもとに我が仕事をなし、私の名を広めれば、私の王国(=心)の豊かさはあなたの心の豊かさにもなるだろう」と言いました。

私は茫然と立ち尽くしていました。そしてベルボーイに気を取られた私が運転手にお礼を言おうと振り返ると、もうどこにも彼の姿はありませんでした。私は運転手の名前を聞くことさえできなかったのです。

私の心は落ち着いて幸せに満ち、何だか不思議なことが起こる予感がしました。

翌朝、ロビーに下りていくと、ロクサンヌという美しい女性に挨拶され、ヘイハウス社まで連れていってもらえることになりました。

髪型や化粧も自然で美しく、流行の服を着た彼女の外見は完璧ですべてを持ち合わせた女性にしか見えませんでした。ところが、挨拶をしようと彼女が差し出した手が私に触れた瞬間、彼女から悩み事がどっと私に伝わってきて、あまり情報の多さにパンクしそうになりました。

少し時間をかける必要があると感じた私は、約束の場所に行く前にコーヒーを買えるところに寄ってくれるように彼女に頼みました。私はどう彼女に接していいかもわからないまま、ただ彼女の苦しみが自分のことのように感じられました。自分がアルコール依存症だったこともあって彼女に遺伝性のアルコール依存症があることが、第六感ですぐわかってしまったのです。

私の頭の中では、彼女の母親が孤独感にさいなまれてお酒を飲んでいる姿が浮かび、ロクサンヌ自身も土曜日に正体をなくすほどお酒を飲んでいる姿が見えました。自分自身を見失ったまま、誰も助けてはくれないと思っていたかつての私と同じように、彼女もどんどんアルコールに頼って転落していくかもしれないと思えました。

そこで、いつもは頼まれない限りは決して行わないことにしている自分のルールを破って、次のように言いました。

「こんなことを言っていいかどうかわからないのですが、あなたのお母さんがアルコール依存症だと私に伝わってくるんですが」

それまでどの著者からもリーディングを受けたことがなかった彼女は、私の言葉に驚きながらも、心を開いて私の話に耳を傾けてくれました。

ヘイハウス社に到着するまでに、私が第六感で受け取ったロクサンヌ自身のこと、家族や環境など浮かんでくるイメージを次々と彼女に伝えました。車が駐車場に入る頃には、約束の時間に遅れてしまうとわかっていても、そのときの私には本の出版契約ができるかどうかなど、どうでもよくなっていました。私には、まるで彼女のためにサンディエゴにやってきたように感じられたのです。

二人でかなりの時間、車の中に座ったまま、彼女は涙を流しながら自分の抱える痛みについて語り、私はどうやって同じような問題を乗り越えたかを話しました。私には彼女のお酒をやめる決心がまだ揺らいでいるのが感じられたので、彼女に自分の言いたいことがきちんと伝わるまで車を降りないと決め、彼女との精神的なつながりができたと感じてから打ち合わせに向かいました。

スピリットはときに私たちに無私の奉仕を求めることがあります。

本当のところ、私たちはみんな自分の本質を通して互いにつながっていますから、つねに第六感を働かせていれば、一人ではないといつでも思い出せるのです。だからこそ、誰もが心の中に持つ本質的な部分を通して、ロクサンヌと私は精神的なつながりを持てたのだと思います。私が知る限り、彼女はあの日以来、サポートを受けてお酒をやめ、スピリチュアル中心の生活を送っているはずです。

その日、私は打ち合わせには遅れたものの、他の何かには間に合ったのだと思います。その何かとは、その後起こったこと、そう、皆さんが今手にしている本です。

本書は私が第六感を取り戻した経験を綴った個人的なものですが、私の体験を共有することで、あなたも「光」とつながることができればと思っています。

第Ⅱ部　第六感を取り戻すための実践

私の過去を少しのぞいて、自分にも同じようなことがあるとか、少しだけ似たようなこともあったとか、この本で読んだことを自分に取り入れていくにはどうしたらよいかなどと思われたかもしれません。そこで第Ⅱ部では、第六感の仕組み、意味について説明します。自分の中に眠る才能を取り戻して進化させるにはどうしたらよいか、一つひとつ説明しながら、私には何がわかって何が謎のままなのかもお話しします。

11章　第六感で可能性を広げる

第六感を取り戻す目的は、単に受け取る情報が増えて人生に役立てるためだけではありません。もちろん、気づきが爆発的に増えますし、自分の周りに対する影響力も大きくなるでしょうが、私たちの第六感は、自分という感覚を超えてさらに大きく広がっています。

私が第六感から受け取った最大のメッセージは「希望」でした。第六感とは、使わないで鈍ってしまった感覚や、無視をしてシャットアウトしたままの感覚、理解しないままにしておいた感覚などいずれも正しいのですが、それ以上のものがあります。

第六感を取り戻すことで自分の限界を超えられるように、皆さんを導きたいと思います。

第六感が磨かれ、いったん目覚めると、目覚めは次々と広がり、誰かが嫌いなのは実はあなたが自分自身を嫌っているからだったり、誰かを好きになったり助けたりするのも自分自身の心の状態の反映であることがわかってきます。つまり、世界は必ずよくなる――これこそ第六感を目覚めさせて取り戻す本来の力でなしうることです。

自らの第六感を磨くと、世界は「私」という感覚が「私たち」というつながりのあるものへと変わっていきます。五感でとらえる世界は自分が経験したことに限られた狭い自己中心的な世界で幻のようなものですが、第六感はつねに自分が知覚したものを壮大で無限の広がりのある意識へと広げていかなくてはならないことを思い出させてくれます。

私たちは魂の容れ物ではありません。本当は魂に包まれて生きていて、魂こそが私たちをつくり上げているのです。壮大で無限のつながりを持つ魂で、私たちは互いにひとつになれるようにつながっているのです。

そして、第六感でつながれ、ひとつになることで生まれる可能性や意識は、すべての生きとし生けるものやそれらの可能性ともつながっています。すべての人が持つこの不思議な力で一歩前進しようとするときには、第六感こそ使うべき能力だということを思い出してください。

自分の中に眠る第六感を「思い出す」と、境目のない全体の中の完全な自分が確認でき、本来の意味での精神性が見えてきます。最も大事なのは、第六感は私たちが魂に触れると新たな意味を持ち始め、人を分ける境目などスピリチュアルな世界には存在しないことを示してくれることです。

12章　第六感の働く仕組み

第六感とは、個人差はあるものの誰にでもある才能です。
例えば、日常でも次のようなことが起こったときには第六感が働いているのです。

■電話が鳴った瞬間に、頭の中にある人の名前や顔が浮かんできて、何年も話していないなと思い出す。電話に出てみると、まさにその友人からだった。

■向かっている場所へは明らかに左折の標識があるのに、なぜか右折してしまう。後で、標識通りに左折していたら、恐ろしい事故にあっていたかもしれないことを知る。

■あるパーティーで、カリスマ性のある素敵な男性と出会うが、彼の周りに張りつめた空気を感じて、一瞬にしてその人が嫌いになる。後で、その男性が女性を虐待したことのある人だと知る。

▒上機嫌だったのに、会議の席に着いたとたんに悲しみに押しつぶされそうになる。後であなたの前にその椅子に座っていた人が、当日の朝、愛犬を亡くしていたと知る。

▒顔が見えなくても、電話の相手がうそをついているのがわかる。

▒何か悪い予感がして、子どもが学校で怪我をしたかもしれないと思ったら、先生から電話がかかってきて、その通りだとわかる。

▒デジャヴを経験する。今の状態を以前にも経験したかのように感じ、間違いなくまた同じ経験をするだろうと思う。

▒仕事の打ち合わせに遅刻しているのに、心に何かが引っかかり入口のショーウインドーの前で立ち止まる。すると、偉い人が現れて、その人から人生で一番素晴らしい仕事をもらう。

このような経験はもし起こっても、単に運がいいとか偶然だとか、あるいは勘が働いた程度にしか思われていません。ただし、これらは第六感が「私」という人間一人が感じる以外のことを教えてくれた一例です。第六感が知らせてくれることからわかるように、第六感は意識的にわかることを大きく超えた知識と洞察を私たちに与えてくれるのです。

五感だけがとらえる世界から抜け出す

例えば、「ある部分的現実」の世界が泡《バブル》のようにあなたをすっぽり包んでいるとしましょう。「ある部分的現実」とは、五感がとらえている世界であり、「私」という意識がとらえているものです。

私たちには周りの世界との境目があり、私たちを包む泡の表面から、自分がこれまで経験したことや現在経験していることを取り込んでいます。これが、私たちが「現実」と呼ぶものです。

科学的にもすべてはエネルギーでできていると実証されているように、私たち人間もその例外ではなく、エネルギーの一部です。ですから、何かから切り離されているという感覚は錯覚にすぎず、自分の泡の中の世界に隔離されているという幻想を持ったまま、物事を経験してしまっているのです。

私たちが他から切り離された存在だという幻想は、自らの魂が持つ無限の可能性を忘れたまこの世に生まれ落ち、人生を生き、最後には死ぬだけという現実を体現する孤立した存在認識から生まれます。「一人の私」というアイデンティティへの執着から離れる決心をして第六感を取り戻せば、魂のささやく声が聞こえ、その声を受け入れれば、人と人とを分かつ境界をなくすことができるのです。

第六感を活かし、精神的な目覚めの経験をするために、まずは自分の周りを包む泡から外に出てみましょう。するとあなたは、光り輝き、無限に広がる聖なる風景を目にすることになります。この気づきを得たら、今度は自分の魂の求めるものを真剣に探すために、「バブル・クレンジング（自分を包む泡を浄化する）」の段階に入ります。もうおわかりでしょうが、エゴ、あるいは「私」という意識の泡のもたらす現実は制限されているものなのです。

泡から離れたところにある宇宙に無限に満ちている情報の本質は、たとえ限られた泡の内側にいても自分の感覚として直接感じることは可能です。ところが、同時に泡の中には、あなたに影響を与えた人々の記憶、感情、経験、出来事も含まれていて、自らの泡の中とは何ら関係のないものさえあります。一方、泡の外側には、内側に存在する時間や空間の概念はなく、過去、現在、未来が同時に存在していますから、泡の外側の空間に感覚を合わせることができれば、どこか遠くの、自分の泡の中にはない経験もできることになります。

また、次のようにもたとえられます。第六感とは、宇宙のどこかで誰かに起こった（過去）、あるいは起こっている（現在）、はたまたこれから起こる（未来）、あるいは起こる可能性のある情報を発信しているラジオ局からの電波を受信する受信機のようなものです。

つまり、周波数さえ合わせることができれば、どこか遠くで起こっている出来事でもそれを受信し、情報を得られるのです。ふとした瞬間に宇宙からの情報が聞こえること（クレアオーディエンス）があったり、瞬間的知識としてわかる（クレアレコグナイズ：透知能力）、感情として受け取る（クレアセンティエンス）、自分の心の中にビジョンとして浮かび上がったり繰り返し見えたりすること（クレアボイアンス：透視能力）があります。

これらの情報は、周波数の合わせ方をマスターしさえすれば音楽を聴くように聞こえたり、受け取ったりできるようになります。

第六感を磨くと…

さて、私たちみんなが第六感を持っているとしましょう。ただし、体にたとえると、誰もが体を動かすことはできてもその程度は違っていて、普通の人もいれば生まれつきオリンピックに出られるような人もいる、それが自然なことです。

第六感も同じで、自分の泡の膜がもともと薄く、自在に膜を広げては不思議な情報や素晴らしいことを見えない世界から受け取れる人もいるのです。とはいえ、どんな人でも第六感は磨くことはできます。第六感がもたらす感覚を磨いていくと、さまざまな感覚も自然と発達していくでしょう。

例えば、私のクライアントには、情報が体の右側から「聞こえてくる」人がいます。彼女によると、第六感で何かを受け取ると、ザーッという雑音が聞こえ、瞬間的に頭の中に断片的な情報が浮かび上がるのだそうです。

また、私の友人でサイキックのキム・ホワイトは、自分が目にしたものに何かを感じると体中にエネルギーが走り抜けてピリピリする、と言います。さらには、私のチャクラ瞑想法で1年ほど訓練を受けた生徒の一人は、頭の中に次々とさまざまなビジョンが現れ、まるで自分の中で誰か他人の映画を観ているようだと語ってくれました。

私自身もリーディングのためにクライアントを前にして座っているとき、自分のクレアレコグナイズ（透知能力）とクレアボイアンス（透視能力）の両方を組み合わせれば、クライアントの過去がよくわかりますし、調子のいい日には、クライアントの人生が3Dのテレビ番組を見ているように見えることもあります。また、第六感がフルに働いて、実際に肉体でも感じるほど体中にアドレナリンが満ち、認識力が高まったことが何度もあります。

私の場合もそうですが、これまで約2万人のクライアントと会って気がついたのは、第六感という能力は、どうやら遺伝するということです。とはいえ、その多くの人は特定の宗教にどっぷり傾倒したり、直観力やサイキック能力に関わる現象への恐怖心から、能力を持ったまま生きるのに苦労しています。

また、その能力を使えば他人のプライバシーを侵すのではないかという懸念から、自分の泡の外に出るのを怖がる人もいます。

私が17年間リーディングを続けてきた中で、特に女性で虐待などのトラウマを抱えた人をリーディングすると、そのトラウマによって必然的に自らのサイキック能力や第六感が磨かれてきた人がいます。こうした経験をした人は、仕組みはよく理解できていなくても、心を開いて第六感を受け入れています。

「何でもかんでもすべて感じてしまうのです。胃に違和感があると、感じたことが実際に起こります。予知夢を見ます。人が思っていることがわかります。たとえ口で何と言っていても、本心がわかるのです」

そんな言葉をしょっちゅう耳にするのですが、こうした人たちは自分の身を守る手段として無意識に警戒心を強めていった結果、第六感が磨かれていったということがわかりました。

いつも危険を感じていると、警戒心が増し、自分を守ろうとする意識は強くなりますが、逆に周りを気にしすぎて自分を守るシールドは弱まってしまいます。すると、感情的に傷つく経験をすることになり、生まれ持った第六感が働くようになる――こうした経験を繰り返しながら、どんどん第六感を取り戻していく人たちを何人も見てきました。

私の直観力開発セミナーでも、最も早く上達する人はそれだけの経験を重ねた人でもあるのです。また臨死体験の経験がある人も同じように、死からよみがえった後、格段に敏感になることがあるようです。生まれついた能力を思い出すのに、何という代償を払わなくてはならないことでしょう！

けれども、そうしたつらい経験がなければだめなわけでもなければ、トラウマになるほどの経験だけがサイキック能力を目覚めさせるわけではありません。第六感を活性化させるには、ただ音楽を奏でるとか、呼吸に集中してみる、自然を眺める、瞑想して祈る、自分を傷つけた人々を許す、といったことでも可能です（この手法については後述します）。

13章　第六感を妨げるもの

私たちには第六感で受け取った情報を解釈するためのフィルターがそれぞれに備わっています。ある知恵のひらめきのような情報が、それぞれの人の泡を通り抜けるときに、その情報はその人の経験や性格というフィルターを通して解釈されます。

魂の本質を忘れてしまうと、外に出ようと思わない限り泡の中に閉じこもってしまいますし、泡の内側で受け取った情報は歪められたままパターン化されます。

人間とはどんなものでも型にはめたがるものです。そしてエゴでできた「ミー・バブル（自分を包む泡《バブル》）」では五感だけが働いていて、第六感とはこの限られた範囲で認識できることの外側にある現実となってしまいます。

私たちのエゴは、自分という唯一無二の存在のアイデンティティを保とうとして、私たちを包む泡を利用して他のものと自分を切り離します。

例えば、信じていた人からの不当な扱いにあなたが腹を立てれば、そのことばかり考えているうちにあなたの不平不満はどんどん大きくなります。このようなプロセスが自分の中で起こっていることにいつも気づけるわけではありませんが、あなたが怒りを抱えていると、その感情に影響されたままになってしまいます。そこで雑音を発信しているラジオのチャンネルを、どうすれば第六感というチャンネルに合わせることができるのでしょう？

誰かに対する悪意や、心に抱えたままのネガティブな感情をじっくり観察してみてください。

その感情はどういう感じですか？

自分の胸やのどに感じる不快感に気をつけてください。

あなたは一人きりだと思っていませんか？

心の中にどんな感情を抱いているかをしっかり考えてみてください。

愛と慈悲を感じて心が開いていますか？　それとも怒りや恐れで心を閉ざしていますか？

あなたを包む泡はつねにネガティブな感情によって、私たちをスピリチュアルな本質から分離してエゴの世界に閉じ込めようとするのです。

私たちを内側に閉じこめるゴブリンのささやき

自分の経験を泡の中で定義しようと躍起になっている、心の中のネガティブなささやきに、私は「ゴブリン（小悪魔）」とあだ名をつけています。これこそ、私たちの第六感がもたらすチャンスを逃してしまう原因です。

すべての人の心に住みつくゴブリンは、怒り、憤慨、恐怖、恥、罪の意識、怠け心、妬《ねた》み、無関心、競争心、貪欲さ、欲望など、「何かが足りない」「限界がある」という意識をエネルギーにしている、傷ついた不健全なエゴです。

ゴブリンの役割は、私たちを「（共通意識から）切り離された状態」にしておき、その状態を心地よく思わせ、無限のつながりを持つ可能性がちらりとでも見えないよう、鋼《はがね》でできた泡を私たちの周りに作らせておくことです。

ゴブリンは「ミー・アイデンティティ（私という概念）」という周りから自分が切り離された状態に依存していますから、この概念を超えてしまう人がいれば、ゴブリンのアイデンティティもなくなり、目的を失って消滅、あるいは深い眠りに入ってしまいます。だから、何としても私たちを泡の中に閉じ込め、他にも現実があることに私たちが気がつくことがないように躍起になり、私たちを泡の中にとどまらせておき、自分だけが宇宙の中心であるかのように思わせるのです。

自分のことを一番わかっているのは自分だ、思考はすべて自分が作り出したものだ、と私たちに思わせようとするゴブリンにとって、その関心事はゴブリン自身のアイデンティティだけなのです。

私たちの泡の中に住みつくゴブリンは、泡の外側とのつながりがまったくありません。ゴブリンこそ、人の心の中の最悪な部分と言ってもいいでしょう。人の意識が第六感のもたらす現実にチューニングされると泡の中に恐怖をまき散らすのも、実はゴブリンの仕業です。

ゴブリンが私たちを五感の中に閉じ込めたいと思っていることを、どうか忘れないでください。もし、私たちがこの目や耳で現実とは異なるものを感じてしまったら、ゴブリンはパワーを失ってしまうのですから。

なぜゴブリンが第六感で受け取る感覚を遮っているかに気づけば、私たちの生まれながらの心、体、魂にはもともと第六感が備わっているので、外からの情報が泡の内側にあるフィルターを通る前に感じ取ることができます。

その情報の電波は目には見えないものの、いつでも無限に流れています。宇宙からの音楽は、いつでもあなたの受信機に向かって放たれていますが、ゴブリンがいたずらをしてダイヤルを回し、わざと違う局に合わせてしまうのです。すると自分でも気づかないうちに、結構な時間、ゴブリンのラジオ番組を聴いてしまうことになります。

では、どうやって耳にするラジオ局を、第六感を活かす局へと切り替えればよいのでしょう?

エゴを黙らせるエクササイズ

あなたに与えられた第六感という内なる能力を取り戻すには、自分が周りの世界をどうとらえているかを意識することが必須です。

あなたは、自分の泡の中でどのくらい過ごしているのでしょう?

あなたは、どのくらい厳格に五感と理論で世界を感じ取り、周りの世界をこうだと決めつけているのでしょう?

自分の泡の外にも世界があるとわかっているのなら、どうやって泡の内側の現実と泡の外側の宇宙とのバランスを取ればよいのでしょう?

ゴブリンを黙らせ、周りから自分が切り離されているという感覚から受けるダメージをどうやって減らしていけばよいのでしょう?

ゴブリンを黙らせるエクササイズをご紹介します。

ストレスを感じたとき、興奮したとき、恐怖や怒りを感じたとき、憤慨したときなどにこのエクササイズを試せば、第六感を妨げる傷ついたエゴを解放し、内なる自分と外の世界のバランスを保つ助けになるでしょう。また、自分の心の中にいるゴブリンとの関係をうまく調整することもできます。

エクササイズを楽しみながら行ってください。きっと、その効果に驚くでしょう。

❶自分の好きな瞑想用ＢＧＭを流します。
波音や川の流れの音など、リラックス効果のある曲が望ましいでしょう。

❷くつろげる椅子に座って、深呼吸をしながら15数えます。
筋肉を緩めて緊張をほぐし、できるだけリラックスしてください。

❸緞帳《どんちょう》の下ろされた舞台の客席に座って、舞台を見上げている自分をイメージしてください。
緞帳の向こう側には、あなたの心の中の扱いにくい部分（恐怖、不安、怒りなどの感情）、ゴ

ブリンがいます。

❹緞帳の向こうにいるゴブリンに、特徴ある姿で舞台に出てくるよう招きます（子どもの頃の自分だったり、ファンキーな妖精やきらきら光る変な姿だったりすると思いますが、このエクササイズではまずはゴブリンを登場させてください）。

何も見えないからといって、パニックにならないようにしてください。ゴブリンが緞帳の前に出てきても、後ろにいるままでも、もともとあなたの心の一部ですから、感じたり、声が聞こえたりするはずです。

❺ゴブリンに何を考えているか聞いてみてください。

ゴブリンが言いたいように言わせて、あなたはそれを聞くだけにしてください。どなったり、感情的になったり、足を踏み鳴らしたり、泣き叫んだりと、さまざまな態度をとりますが、やりたいようにやらせてください。

ときには何も言わない代わりに、映像であなたに何かを伝えてくるかもしれません。

ゴブリンが何らかの手段であなたにコミュニケーションを取ろうとしている限り、邪魔をしないようにしてください。

❻ゴブリンがひと息ついたら、あなたも席を立ち、階段を上って舞台に上がってください。ゴブリンに近づき、ちゃんと伝えてくれたことをこれからは気をつけると伝えた上で、自分に何をしてほしいのかを聞いてください。そして、気持ちを打ち明けてくれたゴブリンに感謝してください。

❼ベビー用の毛布を取り出して、ゴブリンを包み、心臓の近くで抱きしめて、ゴブリンに怖がらないようにと愛を込めて伝えてください。

❽眠そうなゴブリンに、宇宙からの愛の白い光を与えてください。そして、ゴブリンが愛と温和な光をどんなふうに吸い込むかを感じてください。

❾自分自身に向かって、誰がゴブリンと会話したのか問いかけてください。癒しをもたらしたのは、あなたのどの部分ですか？　魂の目で見ると、どんな感じがしますか？

❿あなたの感情は、ゴブリンの感じているものとは異なることに気がついてください。

ゴブリンはあなたに向かってこうして欲しいと要求したこと以外のことで、あなたをミー・バブルに閉じ込めようとしているのではありません。ゴブリンと話をした後、自分自身の意識に変化が起こっているはずです。なぜならあなたはバランスが取れ、覚醒した状態になっているので、いつもとは異なる2つの目を通して周りが見えるはずです。どうです？　とても簡単でしょう？

このエクササイズは、第六感を妨げるものを取り除くステップ1です。

自分の変化が後でたどれるように、ゴブリンと何を話したかを日記につけておいてください。

14章　第六感に周波数を合わせる

第六感を取り戻す手法は、エゴをなくしていくことにも等しく、心の中にいるゴブリンをなだめて、はかりようもないほど壮大で時間も存在しない、無限の可能性を秘めたスピリットの世界へチューニングするのを、邪魔をさせないようにするのです。

これは、すべての人とひとつになることを意識しながらも、自分自身の唯一無二なことに気づくことでもあります。ですから第六感は、欲するものを手に入れたりするために使うのではなく、ハイヤーセルフへと近づき、さらに究極的には最高次元へと到達するためのものなのです。当然、いかなるときでも自分以外の世界にとって最善となるような行動をとらなくてはならないという重大な責任が伴います。ここには自分の過去にさかのぼってさまざまなことを健全に感じ取りながら、成長を妨げているものに祝福を与えて解放することも含まれています。

7つのカギで第六感のラジオ局に周波数を合わせる

生まれたときから第六感というラジオにつながるチャンネルが備わっていると想像してみてください。その周波数にきちんとチューニングを合わせられれば、あなたは神秘的な信号をクリアに受け取ることができるはずです。

私は、私たち全員に、調和と知恵、公平、慈悲、尊敬と真実の源であるスピリットのラジオ局「魂ＦＭ」があらかじめセットされて生まれてくると思っています。これらの概念こそ、私たちすべてをつなぐ唯一のものなのです。

ゴブリンがラジオ局を占拠してしまうと、「エゴＦＭ」か雑音しか耳に入らず、あなたが周波数を合わせて第六感からの電波を受け取ろうとしても邪魔をします。あなたが泡の中で感じ取れることは限られているので、普段、人はラジオのことも、ラジオを聞いて手に入る能力のことも無視して生きています。

私のようにいつも信号を最大音量で受け取ってしまう人は、ラジオから聞こえてくるある音を聞こうとするとすごい雑音がして邪魔されることが多いのです。けれどもエゴＦＭからの音が大きく聞こえていても、情報をクリアに引き出す方法はあります。

残念なことに、エゴは全知全能の存在と私たちがつながることにまったく興味がないばかりか、無限の可能性を示すものすべてが眼中にありません。スピリット、モラル、そして健全な知識と感情を持ち合わせないままに心を開いて第六感からの情報を受け取ってしまった人が、心理的葛藤を起こすことが多いのも事実です。

サイキック能力や第六感に目覚めた人には、他の人が助けや導きを求めてきて、他人のために役立たなくてはならないという責任が重く肩にのしかかるものです。ですから、積極的に世の中の役に立とうと思う人は、自分の心の中のゴブリンをつねに意識しておくこと、つまり自分のエゴをコントロールしておくことが必要不可欠です。私の経験では、エゴが小さくなればなるほど、スピリチュアルに目覚め、第六感からのラジオに周波数を合わせることができるようになります。それだけでなく、自分の周りのフィルターを浄化して、ゴブリンを眠らせておくことも可能になります。

ちょっと立ち止まって、第六感を回復することにしてみましょう。

私は次の章以降で紹介する手法を日課にしています。一度やってみると、第六感を取り戻すのにどれほど効果があるかに驚くでしょう。

エクササイズには、真実、敬意、謙虚、勇気、許し、静寂、愛という7つのカギがあります。

このエクササイズを日課にすれば、第六感ラジオの周波数にすぐ合わせることができるようになるでしょう。7つのどのカギも、自分だけが大事という自己中心的な感覚を薄れさせ、第六感や周りとのつながりを取り戻してくれます。また、自らを包んでいる泡の膜を溶かして、他人や人生、そして神を受け入れるのを手助けしてくれます。

15章 第1のカギ✦真実

「私」とは何を指すのでしょう?

これは大事な質問ですが、量子力学や心理学、神経生理学、宗教、実存主義哲学などの世界に答えを求めても、まるで『不思議の国のアリス』の穴に入り込んだようになりかねません。まずは、私たちが超えるべき二元論から入ることにしてみましょう。

第六感を取り戻す基本は、私たちすべてがつながっている無限の世界にアクセスすること、そして自分は今、「ミー・バブル（自分を包む泡）」という限られた現実の中でのみ物事を経験しながら生きているということを頭に置いておいてください。

さて、「私」とは何を指すのかという質問には、1つは「私自身」、もう1つは「私を超えたところにある私」という2通りの答え方があります

『ニュー・アース』（エックハルト・トール著　吉田利子訳　サンマーク出版）の中ではこれを「私

という人間を超えた存在」と見事に表現しています。「私」には「私」の存在を確認するものがいることになり、「ハイヤーセルフ」とも「魂の意識」とも呼ばれるものです。

この意識を目覚めさせることこそ、第六感による情報を得たり、私たちの周りにあるフィルターを浄化するのに役立つものなのです。

第六感のフィルターが詰まってしまうと、私たちは「限りのある現実」、つまり五感によって周りにあるものを解釈して、物質主義の現実だけに閉じ込められてしまうことになります。「私」とは一体何を指すのかという質問に対する答えは、「生まれてから現在まで、経験して学びながら蓄えてきた私」というのが1つの答えだということになります。ある物語の中で「私である」ことを演じて生きること、という答えです。自らのストーリーにどんなことが、どう影響を与えているのか客観的に見つめることも、自分のフィルターの浄化に役立ちます。

もし、あなたが何かにつまずいたら、「これって一体何なの?」とただ驚くのではなく、「父との間の特に理由のない確執」とか「私の子どもの頃の思い出」など、何らかのラベルが貼ってある箱につまずいたのだとわかるようになります。

また、自分の家にはすべてがそろっていることにも気づくでしょう。ですから、最初のカギは、あなたに明るい光の輝きをもたらし、「私(とあなたのゴブリン)」という縛りから解放してくれるのです。

自分を正直に語る

自分を振り返る過程でさまざまなことが明らかになるにつれ、自分の影の部分にある幻影に涙することもあるかもしれません。

あなたのストーリー（自分史）をたどるときには、意識的にも無意識にも、すべては過去にすぎず、過去は現在を知るためのものだと心にとどめておいてください。

あなたが過去について気がつく事柄の内容が、ネガティブで他から切り離された感覚（孤独感や不和感を含めて）から、もっとポジティブなもの（あなた自身が聖なる意識の一部だとわかることも含めて）に変わりだすと、面白いことがわかっていくでしょう。

完全に自己中心的で自己陶酔的な気持ちと、すべてのものとひとつになることを喜ぶ気持ちのどちらに自分がいるのかがわかるのです。

ただし、分析を始めるにあたって、自分がどちらにいるかはあまり重要ではありません。というのもこれは、「良い」「悪い」をはかるためのものではなく、あなたとは一体何者であり、あなたは自分が何者だと信じているかという事実を見出していく作業にすぎないからです。

自分を包む泡の外へと広がろうとするときに、自分が何者でこれからどうなっていこうとしているのかを知っておくのは大事なことです。
「私」というアイデンティティは、あなた自身と他の人々の間で語られる言葉によって定義されるものです。ですから、あなた自身や他の人が、あなたが一体何者なのかを語るとき、それが本当のあなたであってほしいと思うのはとても自然なことです。〝あなた〟がどんな言葉で語られるか、その言葉の及ぼす影響は明らかに現実に現れますから、もしあなたがより大きな意識にチャンネルを合わせたいと思うのなら、なおさら意識的になる必要があります。

　自分に正直であれば力が湧いてきて足元もしっかり固まり、自由で現実をしっかり生きていると思えるはずです。ところが、本当の自分とは違うという拒否感や、誰かを利用しよう、またはコントロールしたい、欲しいものを手に入れたいと思って懸命に偽りの自分を装っていると、とたんにゴブリンの領域に入ってしまいます。

　また、心に拒否感があるままだと、やがては依存症になったり、パートナーの裏切りを疑って相手を受け入れらなくなるなど、心理的妄想で自らを裏切る結果につながります。うそをつくことは、酒に酔うのと似た部分があり、自分では忘れてしまったと思い込んでいる恐怖、緊張、不安定な基盤、非現実的なことなどまで表面化します。

　第六感で感じることは、たとえ論理的でなくとも、知識の範囲に収まらなくても、五感ではうまくとらえられなくても、第六感にチャンネルが合った瞬間、自分を包む泡の中でも、真実に対するのと同じように現実的に感じられます。

第六感で感じたものは、外から自分を包む泡を通って伝わってくる情報ですが、泡の内側にある法則に収まりきれないので、フィルターを通るときに歪められてしまいます。ですから、自分が感じていることにつねに注意を払ってください。ときに自分の欲がまるで第六感で入ってきた情報のように入り込むこともありますから、自らを客観的にチェックすることが大切です。何となくでもうそをついている感覚があるなら、実際にどこかに虚偽があるのです。

日記を書いて「自分」を把握しよう

「私」という自分自身をしっかり認識することは、最初にじっくりと取り組まなくてはならないことです。そのためにはつねに自分に正直に、生活の中にあるものを1つひとつ確認しながら、現在のあなたについて何がわかるのかを確かめていく作業を行います。

この作業の目的は、自分という人間を自分自身がどうとらえているか確認し、第六感フィルターを詰まらせて自分に限界を作ってしまっている原因を探るためなのです。

完全な第六感を取り戻すには、心の中のゴブリンをなだめて、眠らせて、エゴの縛りから解放され、そして、ハイヤーセルフの周波数に自分の波動を合わせることが、次の段階に移る前にマスターしておかなければならないことです。

それを把握するために日記を書きましょう。誰の目にも触れないようにして、自分自身だけの人間関係や自分に誰がどんな影響を与えたかだけを記した日記を書いていきます。

革表紙の日記帳、飾りつけをした自作の日記帳など、特別な日記帳を手に入れます。その日記帳は自分自身について何か気がつくたびに、あなたを進化させてくれるのです。

「自分史」を通じてカギとなる事柄をよく考え直していると、その間に物事へのとらえ方が変化して、真実以外のことを削除しながら何度も書き換えられることがわかってくるでしょう。

さあ、実際に書き始めてみましょう。

❶自分に関係する生まれてからの記憶を時系列で列記します。できるだけ客観的に、起こった事柄だけを記録してください。

❷両親、兄弟、親類などを含め、自分の中に流れるものを広い視野からとらえて自分史を書きます。

❸先祖や祖父母について、できるだけ書き記してください。もし両親が健在なら先祖について

の情報を聞き出して、できるだけ過去を書き残してください。

❹自分がどんなふうに傷ついているかという観点から自分史を書きます。両親、ボーイフレンド、ガールフレンド、自分自身やその他の人などから受けた傷について書きます。すると、いかに自分が歩んできた人生で犠牲者のように振る舞っていたか、また、そうした人間関係にある共通点を認識できます。

❺今度は同じ自分史をよかったことだけで綴ります（例えば、母親がどんなに批判的かと記す代わりに、おいしい料理を作ってくれた、おやすみのキスをしてくれた、あるいは、学校に行くのがすごく嫌だったと記す代わりに、学校に行けば大好きな人に会えた、など）。これは、自分自身へのあなたの見方を変えるためのものです。

❻❹と❺で記した自分史のどちらが真実かを自問してみてください。その真実があなたにどう影響しているのか、理由とともに書き込んでください。

❼「私が信じているのは……」で始めて、自分が反射的に口にしている言葉をリストアップし

てください。それをなぜ自分が信じているかも書き残してください。

❽誰かに自分がうそをついた記憶をすべて書いてください。人につかれたうそについても書いてみてください。

❾目を閉じて、3つの絶対的な真実を思い浮かべます。その3つを書き入れ、真実を語るときに心身にどんな感じがするかに注意を払います。

次に、絶対にうそだと思うことを声に出して言い、それを書き込みます。そうしながら同じように、自分がどんなふうに感じるかを注意して感じてください。そして、この2つ（絶対的な真実とうそ）に対して感じたことの違いを記録してください。

❿新しいページに泡の絵を描いて、「あなたは誰ですか?」という質問を泡の上に、泡の真ん中に「私」という言葉を書きます。その泡の中のスペースに何を書き入れますか? 泡の中での経験は、何を語ってくれますか?「あなたとは誰ですか?」という質問への答えを泡の中に足していってください。ポジティブな経験もネガティブな経験も、どんな感情が湧いたかも書き入れるようにしてください。

このエクササイズは面白いので、ずっと続けていけます。これから述べる第六感を取り戻す他のカギについて学んでいる間に、また新たな泡を描き入れたくなってくるでしょう。というのも、自分が思っていた真実は、時間とともに変わっていくからです。

まずは、自分の「ミー・バブル」の中に何を入れるか、しっかり気をつけてみるべきであり、そうすると自分の中にあるパターンや他の特徴がわかってきます。

好き、嫌いといったちょっとしたことも、自分の経験で歪められているものなのです。

私を超えた私を探求する

さて、もう一度、「『私』とは一体誰を指すのか?」という質問に答えてみましょう。そして、「私は私と思っているもの以上の存在だ」という部分を追求してみます。

❶座り心地のいい椅子に座って目を閉じます。

❷体の外側に意識を向け、五感が感じ取っているものに注意し、それを書き留めておきます。

❸自分の内側を意識して、抱えている感情を観察します。どんな感じがしますか？　感情とはたいてい一瞬湧き上がっては消えていくものですが、その中でずっと心に流れている感情がないでしょうか。感じたものを書き留めます。

❹今度は自分の思考を観察します。今、何を考えていますか？　思考に何らかの共通点はありませんか？　もしなければ、心にランダムに浮かぶものは何ですか？　あなたは今、何かを細かく分析中ですか？　それとも何となく、ただぼうっと考えていますか？　良い悪いの判断をせず、ただ頭に浮かんできたことを書き留めてください。

❺これらの観察をしているのは、あなたのどの部分なのかを意識してください。しばらく、この状態を続けてください（練習すればどんどん簡単になっていきますが、この状態をできるだけ続けます）。

❻今度はその「観察しているものをさらに観察」します。感じたことを書き留めるまで、観察し続けます。できるだけ詳しく書き留めてください。自分自身に、「何が私を観察している

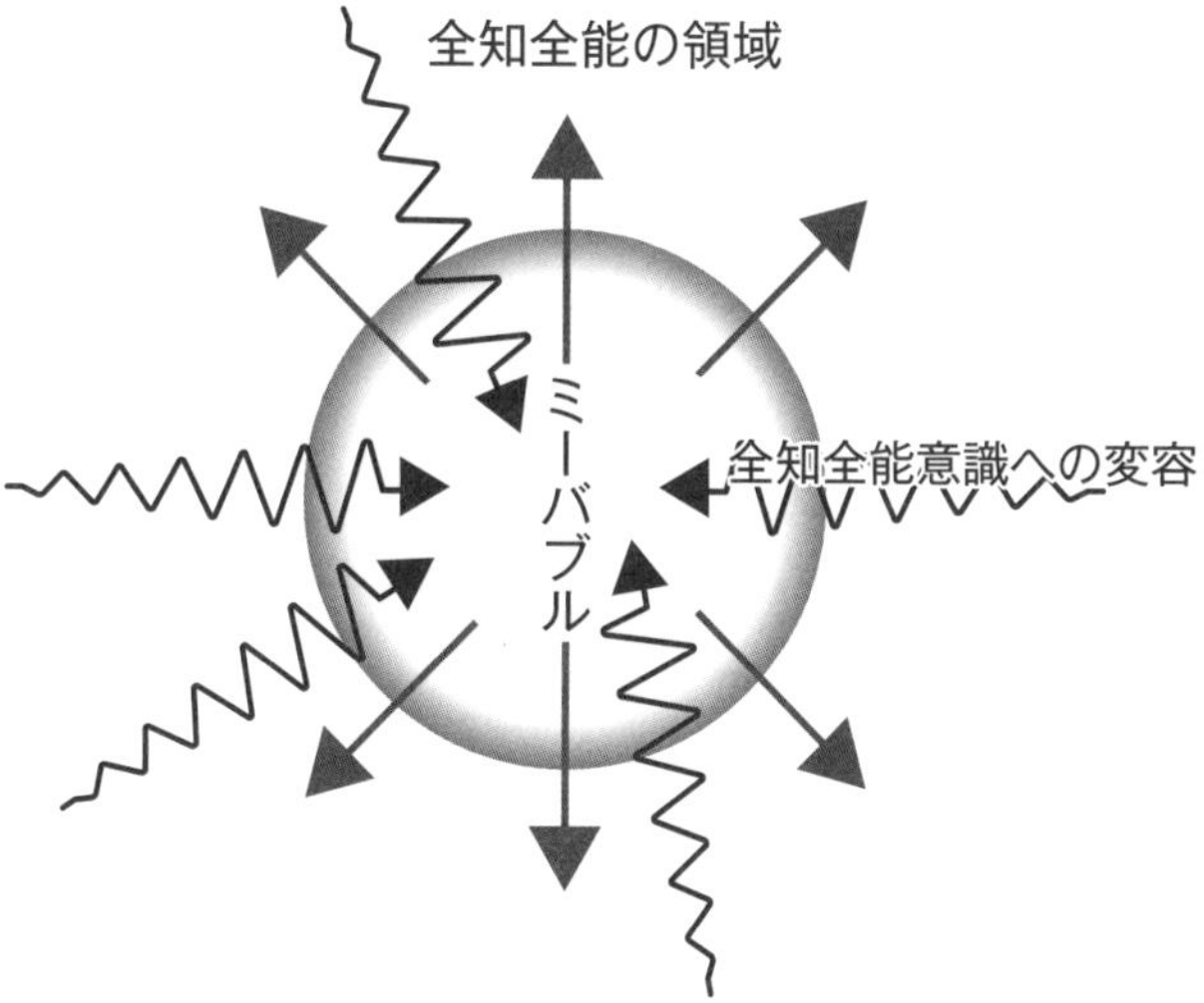

のか？」を尋ねてください。観察している私を観察しているのは、一体誰なのでしょう？

❼1枚の紙に、ミー・バブルをはっきりとした線で描きます。それから、泡の内から外に向けて矢印を描き足します。泡の外側にあるものは「全知全能」の領域のものですから、泡の外側に「全知全能の領域」と書き入れてください。

❽泡の内側に入り込む矢印を波線で描いてください。泡の外側から内側へと波が大きくなります。泡の外側の領域にある、無限の「全知全能」の意識が流れ込んでくるからです。この波線が泡にぶつかった部分に「全知全能の意識への変容」と書き入れてください。

さて、スピリチュアルな真実が示している「私を超えた」という意味がわかったところで、この章の冒頭の質問への2つ目の答え「私を超えたところにある私」の本当の意味がわかり始めたと思います。

16章 第2のカギ◆敬意

あらゆる命あるものに対する敬意こそ、自己中心的な泡の外に出て、「全知全能」からの情報を心を開いて受け入れるために必要不可欠なものです。そして、その情報を受け入れると、生きとし生けるものすべてに聖なる意識が流れていることを思い出し、すべてが宇宙の一部だということに気がつきます。

すべての基本である敬意とは、自分の周りにある、不思議が詰まった世界への尊敬と共感のことです。第六感は、このことを思い出すきっかけになるものであり、自分がこの宇宙の中心なのではなく、自分の理解を超えてもっと壮大で深遠な知識が、生まれてくる命や周りの世界に流れているとわかります。

この不思議をよく考えると、人生を変えるほどの敬意が湧いてきます。面白いことに、敬意を抱いた瞬間に自分のフィルターが浄化され始め、すべての命のシグナルやサイン、ささやきや前兆にチューニングできるようになります。フィルターが浄化されると、宇宙の音がほんの一瞬であったとしても、きれいに聞こえてきます。

私が初めて敬意を感じたのは、幼い頃、教会とキリスト教の教えに対してでした。私は聖書の内容に圧倒され、聖なる三位一体のパワーに敬意を抱いたのです。私の魂は敬意でいっぱいになり、天使やその他の天の存在に夢中になりました。

幸いにも、私には他の文化や宗教のことも大事に考える神父がいたので、たくさんの本を見せてもらって世の中の「不思議」に触れたさまざまな人がいることを知りました。

大人になるにつれて、敬意を教えてくれるような経験をさらに重ねていきました。ドミニカのジャングルで経験したのは、複雑に相互依存して出来上がっている壮大で豊かな自然に対する思いで、私の父がＵＦＯだと言った7つの光を見た経験も、既知のもの以外にも生命が存在する可能性が大いにあるという思いへとつながりました。

こうした神秘について思いを巡らせながら、私は生きとし生けるものとのつながりを心を開いて受け入れることができたのです。

子どもの頃には、敬意を持って自然と共感したり、慈悲の気持ちを持つことも比較的簡単なことです。なぜなら、現代社会の中で大人と接するようになって生まれるシニカルな感情にさほど影響されていないからです。

私が会った何千人ものクライアントも、子どもの頃には不思議を感じて暮らしていたのに、成長するにつれて敬意を抱くことがどんどん少なくなっていったと言います。

豊かな西洋文明の中で生きていると、都会を離れ、湖畔でリラックスしたり田舎へキャンプに行くことが、敬意を取り戻す1つの手法になります。

貧困と暴力の中で人々が生きる世界では、命を奪い合ったり、それによって憎しみが生まれたりして、敬意が失われてしまいます。戦いに巻き込まれた人が今も苦しんでいるのだと気づいて、すべてを神にゆだねたとき、本来の敬意が思い出されることでしょう。

草の葉にさえ小さな命の光が輝いていると気づけば、私たちは心を開いて周りとのつながりを持ち、周りのものとともに一歩一歩、ダンスを踊るように歩んでいるのだと思い出せるのです。

すべての命に尊敬の気持ちを持つ

私にとって、1986年1月に起こったある瞬間は、敬意が自然と湧き上がるような経験として今でも忘れることがありません。

当時アルコール依存の治療を受けていた私は、大混乱の最中にいました。アルコール依存症患者にはよくあることですが、1週間リハビリを受けても、妄想が出たり、自己中心的な考えをまったく消せずにいました。

私が入っていたリハビリ施設は湖のすぐそばにあり、いつでも散歩に出られ、じっくり考える時間もたくさんあったので、私は一人で湖のほとりをできるだけ遠くまで行ってみようと思い立ちました。気温が上がるにつれて地面に厚く降り積もった雪が溶け、地面が見えていました。

当時の私は下を向いて歩く癖があり、(思えば自分を超えた自分やハイヤーセルフを見ないようにしていたのでしょう)、ぬかるみに足を取られてしまいました。ここからどうやったら抜け出せるかを考えながらも、私はとうとう動けなくなりました。周りには誰もおらず、戻るべき建物ははるか遠くに見えました。

空気は身が縮こまるほど冷たく、見上げると私の前に樹が1本、高くそびえているのに気がつきました。私はこの状況に陥って初めて、その樹木を見つけ、じっくり観察したのです。

その瞬間、自然の風景に圧倒されました。まるで今までまったく木を見たことがなかった、木がどんなものがまったく知らなかった、とさえ感じました。

これが、自然なんだ……これが、命なんだ……。

私は「全知全能」の創造の脈動――生まれてからずっと追い求めていた不思議を目の当たり

にしたのです。私はその場で深呼吸をしながら、スピリチュアルな大きな気づきが押し寄せてくるのを感じました。私は自分が世界の中心ではないことを示す、無限のつながりを垣間見たのです。

自然とつながり、人間中心の見方を変える

目指すのは、「全知全能」の持つ壮大な可能性へと自分の心を開き、命あるものに敬意を示すことで、それができれば、あなたの意識は泡の外側と難なくコミュニケーションできるようになります。

ほとんどの大都市が、海や河川、湖などのそばにあるものです。それは水が生命にとって最も大事な要素であり、水の持つリズムや本質に、人間がちょっとした瞬間でも畏敬の念を持つことができるという素晴らしい都市構造の1つなのです。

私は幸運にも海辺に住んでいますので、海まで降りていって、自然とその神秘を思いながら散歩するのを習慣にしています。

水のエクササイズ

できれば美しい自然の中にある水辺に静かに座り、次のエクササイズを行ってください。河、小川、海など、簡単に行けるところがあればよいのですが、もしなければ、水辺にいるとイメージするだけでもかまいません。

このエクササイズには1時間ほどかけてください。

❶リラックスして深呼吸をし、五感を働かせて自分の周囲を感じ取ります。匂いを嗅ぎ、肌で風を感じて、自然の中にいる自分の感覚に気づいてください。

❷水面を見ながら、頭に浮かぶさまざまな思考を水に溶かしてください。
水や命の大切さ、そして命のリズムに思いをめぐらせた状態を保ってください。誰が、あるいはどんなパワーや知恵が水をつくり出しているかを自分に問いかけてください。

❸水のある風景の神秘と偉大さを感じ取りましょう。さまざまな命に敬意を払いながら生きる

と誓いましょう。

❹自然の中にある無限のつながりについてじっくり考えてみましょう。感謝の気持ちを祈りに込めて、水の魂に捧げてください。

❺目を閉じて、第六感で周りを感じて、それと波動を合わせます。何らかのメッセージを受け取ったら、日記に記しておいてください。

このエクササイズは、土、火、空気に対しても行うことができます。

フラワー・エクササイズ

都会に住む人で、公園や庭がなくてもできるエクササイズがあります。大好きな切り花を用意してください。

❶座り心地のいい椅子に腰を下ろし、花の茎のつけ根を持ちます。

❷手にした花の色、匂い、感触をじっくり観察します。

誰が、あるいはどんな存在がこの花を生み出したのだろうと、問いかけてください。その答えをゆっくり考えます。

❸花に向かって深い敬意を送り、生きとし生けるものすべてを価値あるものとして大切にすることを誓ってください。

同様のエクササイズは、石やクリスタルなど天然のものであれば何ででも行うことができます。このエクササイズで大事なことは、自然界にあまねく存在する生命の力や聖なる知恵とつながって、人間中心の見方を変えることにあります。

さらに、多様なかたちをした命すべてが、全体としてひとつになるために必要だということ、すべては神聖なものであることを思い出すことが重要です。

17章 第3のカギ✦謙虚

謙虚さは、人は一人で生きていけないと知っている私たちの心の中にあります。

そして、コミュニティーの必要性や関係性の中で互いに支え合っていること、さらには「全知全能の存在」ともひとつであることを認識することでもたらされます。あらゆるものとつながることが第六感の本質であり、自分もその中に属していると思い出すことができます。

謙虚さがあれば、さまざまな神秘や、自分の知らないことがあるのだということを受け入れようと心を開いて未知に共感し、それゆえ私たちはもともとひとつなのだと実感できるのです。

たとえ今は暗闇にあったとしても、謙虚であればいつかは光が差し込んできて、社会や家族のためになる適切な行動へと導かれ、さらなる自分の高い目標へとたどり着くことができます。

謙虚になるためには、何と言っても命そのものに接する必要があります。私たちは自分が一人ではないと知ることで強くなり、そしてすべての命あるものに対する責任が自分にもあることを知って本当に強くならなければと実感するのです。

「あなた自身が自分の現実をつくり上げている」という言葉の意味は、エゴが求める欲ではなく、もっと高いレベルの意識と深いつながりを持って現実をつくり上げていくのだと気づくことなのです。

第六感はコミュニケーションの道具であり、それを謙虚さが活発にしてくれます。

私たちは、たとえ目の前の出来事が理解できなくても、流れに身をまかせ、どんなに人生が不公平に思えても不屈の精神で、心の深いところでつながっている〝聖なる存在〟にアクセスしていかなくてはならないのです。

謙虚になり、多くの中の一人としての自分の立場を確立すると、奇跡だって起こせることがわかってきます。謙虚にありのままの人生を受け入れたときに、第六感によって物事がはっきり見え始め、さらに世界を変えるために、ちょっとした考えを行動に移すパワーを受け入れていけるのです。

生命の持つ、いまだ解明されていない、目に見えない不思議を目のあたりにすると、生命は実にたくさんの奇跡が満ちあふれていることがわかり、謙虚な気持ちになります。

「私は知らない」というのは、「私は心を開いてさまざまなものを学び、受け入れ、分かち合います」という意味なのです。

私という存在は恵みの賜物

謙虚さに目覚めるのに、わざわざ鞭で叩かれるような痛い思いや屈辱的な思いをする必要はありません。人生にあるものすべては聖なる源《ソース》から与えられたものだと感謝する気持ちを思い出せばいいのです。

謙虚さには与えられた才能に感謝しながら、最大限に活かし、自己中心的な気持ちではなく他の人や物事を中心に考えるようになる必要がありますし、教訓を与えてくれるようなどんな機会にもユーモアを忘れないということでもあります。

謙虚でいると、「いつ木を切り、いつ水を運ぶべきか」もわかるようになります。

私たちには、バケツの中に入っているものすべてを引っくり返さなければ次の段階には進めない、つまり自分の欠点や弱点を含めてすべてを受け止めなくてはならないときがあります。

謙虚であるということは、皆ひとつであり、かつ（同じ雪片が2つとないように）それぞれが唯一無二でありながら、同じ「もの」でできているということ、そこには良い悪いはないということを認めることであり、備わったものが違ったり二元性があったりしても目的は同じだということを受け入れることです。

また、謙虚さとは、錯覚に流されながらも真実を見抜き、助けを求め、慈悲の心と公平な姿勢で行動しながら、自分の存在は神の恵みの賜物だと思い出すことにあります。

私はリーディングをするたびに、謙虚になれるように祈りを捧げることにしています。自分がエゴに縛りつけられていることを確認し、そこから解放され、次のような境地に至れるようにと祈りを捧げるのが大好きです。

神よ、聖なる透視能力（クレアボイアンス）を私が身につけ、
その能力を平和のために使えますように。
私ではなく、光がその仕事を成し遂げますように。
私が自己中心的な世界から解放され、
あなたの声がよりよく聞こえ、あなたの意思に従えますように。
光だけがもたらされますように。
この私が、すべてのものにとって最良の善のために
どう役立てるかをお示しください。

神に祈り、導きを求めることを忘れなければ、第六感はクリアになります。というのは、私たちが宇宙の音楽に「同調」しようとするとき、神が指をつま弾くと同時に第六感が鳴り響くように伝わってくるからです。

苦しみの原因や自分のプライドより、謙虚であること自体が目標となります。助けを求め、それに対する答えがどこから返ってくるかを思い出すことでもあるのです。

エクササイズ

十分に時間をかけて、次の質問の答えを日記に記してください。

途中で他に考えが浮かんだら後で付け加えられるように、それぞれの答えの後に余白をとっておきます。第六感を取り戻す訓練の強化のために、自分の決意も含めながら、新しいアイディアを記しながら進めていきます。

❶あなたにとって謙虚さとはどんな意味を持ちますか？

❷あなたは何に感謝を捧げていますか？

❸「大勢の中の一人」とはどんな意味でしょう?

❹プライドと謙虚さの関係は?
自分が何かを知らないと認められないときがありませんでしたか?

❺人に尽くすとは、あなたにとってどういう意味を持ちますか?
あなたの人生で、どんな分野で人の役に立てると思いますか?(役に立てると思う具体例を5つ挙げてください)

❻人間は互いにどのように必要とし合っているのでしょう?

❼人に助けを求めるのに苦労したことがありますか?
それは、人生でのどんな出来事でしたか?

❽そもそも与えること、受け取ることの本質とは何ですか?

何かを与えた経験、受け取った経験を具体的に挙げてみましょう。人に与えること、人から受け取ること、あなたにとってどちらが簡単ですか？

❾与えること、受け取ることという問題は、あなたの人生にどんな影響をもたらしていますか？

❿謙虚であることをゴールに据《す》えるのがいいことだと思う理由を挙げてみましょう。謙虚に人を助けることが、どう世の中との関係を作っていくのでしょう？

⓫「私」と「私の中にある神性」にはどんな違いがありますか？

18章 第4のカギ✦勇気

知識と理論、そして第六感とがつながるよう、私たちに生来与えられているいくつもの感覚を大事するには、世の中の見方や自分はこういう存在だという定義を超えなければなりません。

とらえ方を変えるには、自らの中にある「影の部分」だけでなく、周りに対する未知にも立ち向かう勇気が必要になってきます。

自らが抱えたままの傷を癒すには、傷のせいでつくり上げてしまった概念から自分が解放され、本来の美しさを取り戻せるよう、そこに光を当てる必要がありますが、それには勇気がいります。

私たちの中にある「影」はひっそり存在していて、気がつかない間に、目に見えない糸となってあなたを操っています。ただし、ときには体の中で大きな声を発していて、わかりやすいこともあります。

ゴブリンが主役を演じる「ミー・バブル」の内側にいると、自分が実は完全で愛されている存在だということを忘れてしまいがちになります。ゴブリンは、「おまえは傷つき、欠点のある、間違いを犯した恥ずかしい存在だ」と訴えますが、こうした心の傷があるからといって、私たちが本当に欠点だらけの存在だということにはなりません。

ネガティブな経験をしたから自分は欠点だらけだと思い込むのは、自分自身を解放し、今より大きく成長する責任を放棄するのと同じです。失敗や暗闇に感じる恐怖と、自分の可能性を追求しようとするときに感じる恐怖は違うものです。

魂の望むままに安全な場所から外に出よう

怖くなくなるまで待ったり、安全だと思い込んでいる場所にいたまま起こりうることを計算したり、コントロールしようとしても意味がありません。勇気を出して外に出ようと思った頃には、人生は終わってしまいます。

必要なのは、自分には勇気があるという声に耳を傾けて恐怖をなくすことです。安心だと自分で思い込んでいる場所を超えて外に出ようとする勇気を持ち、たとえ怖くても、魂の望むままにやってみてください。きっと、数えきれないほどの奇跡や、自分が尊厳を持って生まれたことがわかる経験となることでしょう。

私の場合、お酒をやめ、自分の第六感を天の賜物だと確信してからも、初めは自分の思惑とは違っていたので不安で仕方ありませんでした。それでも、自らを浄化し、過去を見直して自分を許し、傷ついた自分をなくしたい一心で神にコンタクトをとればとるほど、自分の能力がはっきり見え始めました。

世の中に受け入れられたい一心だった私には、直観能力カウンセラーという世間一般に受け入れられがたい天職を受け入れる勇気が必要でした。

私たちは勇気を持って果たすべき天命を何度も感じても、聞こえないふりをしがちです。自らに正直になって、完全な自分を探し求める旅に出るのは大変なことです。自分のネガティブな心に立ち向かい、スピリットの光の中に何も身につけないで立ち、人生に打ちのめされたり、ときに困難が起こり、自分では光のスピードで進んでいるつもりだったのに、さほど遠くまでたどり着けなかったと認めるのは勇気がいることなのです。

いろいろな心の動きに従って自分のかけらを集め、真実を求めて信頼し、謙虚になったときに初めて物事がはっきり見えてきます。ここでやっと、これまでのプロセスそのものが宝物だったとわかります。そして、そこがさまざまなことがわかり始める出発点なのです。

次に紹介する、クリストファー・ローグがギヨーム・アポリネールを讃えて詠んだ「極限まできなさい」というタイトルの詩に、勇気を持つことの美しさが表現されています。

「私には怖くてできません」と、私は言った。
「端までいらっしゃい」と、彼は言った。
「できません。落ちてしまいます」と、私は言った。
「端までいらっしゃい」と、最後に彼は言った。
私が端まで行くと、彼は私を押した。
そして、私は飛んだ。

私たちの内なる強さを知るには、自分の弱点をさらして他人に助けを求めなくてはなりませんが、自分の弱さを見せることで人とのつながりを感じることができるのです。
怖くても勇気を持てば、「全知全能」の偉大な意識へと調和できるよう、極限まで導かれ、私たちは変容できるのです。

エクササイズ

次の質問の答えをじっくり考えて日記に書いてください。いくつかの答えの後には、後で思いついたことが付け加えられるように、空欄を残しておいてください。第六感を取り戻しやすいように、自分はこんなことを新たにやるという約束が含まれていてもかまいません。

❶これまでに自分の勇気を試されるような出来事が何度ありましたか？

❷怖くても行動に移しましたか？

❸人生で勇気を持つことが大切なのは、どんな能力に対してですか？

❹人生で、逃げたことはありますか？

❺恐怖から行動した経験（あるいは行動しなかった経験）を、その後に何が起こったかも含めてリストアップしてください。

❻そのリストの中から、勇気を持って行動していた場合の結果を書いてください。その結果について、どう自分が感じるかを書き込んでください。

❼人から認められたい、喜ばせたいという気持ちが、勇気を出すのをどのように妨げていますか？

❽変わろうという勇気を持てないがゆえに不健全な状況にいる人について、記述してください。

❾健全とはいえない状況を、あなたなら勇気を持ってどう変えるかを書いてみてください。

❿これまでに、勇気を持って行動して、変化が起きたことがありますか？
あなたが変えていくと約束できることがありますか？　それには何が必要ですか？

⓫第六感で何かを感じたとき、それに従って行動しましたか？　それとも怖くてできませんでしたか？　どうして第六感に従うのが怖いのか、理由がわかりますか？　その理由を書いてみましょう。

⓬明らかに第六感を感じているのに、無視した経験がありますか？　それはなぜですか？

⓭「第六感を受け入れることにした」と人に告げたら、周りの人はあなたをどう思うでしょうか？
自分が第六感を受け入れることに周りの人の意見は必要ですか？　だとすれば、どうしてですか？

⓮周りになじむということは、あなたにとってどんな意味がありますか？

⓯「本当の自分には生まれながらに第六感がある」とはっきり口にして言えるかどうかに、あなたの（育った社会、宗教、文化、家庭での）育てられ方や自分が経験したことが、どう影響しているでしょう？

⑯自分自身の内側にアクセスするには勇気が必要ですか？　自分でも変える必要があると感じているることがあるのに、変えるのが怖いとすれば、助けを求められますか？　守護天使や神に勇気をください、と頼んだとイメージしてみましょう。

⑰次の祈りを捧げ、第六感を取り戻すにはどうすればいいかを考えてみましょう。「ミー・バブル」の中でエゴにまみれた自分から解放されるには、どう祈ればいいでしょう？

神よ、心静かに
私が変えられないでいることを受け入れられるように
変えることのできる勇気を
そして、変えることができたら何が変わるのかがわかる知恵をお与えください。

19章 第5のカギ✦許し

多くの人が第六感を取り戻すのを遮る最大の原因は、いまだ解決されないままの怒りや過去を許せずにいることです。けれどもそのままでは、互いにひとつにつながる領域にたどり着かないだけでなく、今を本当の意味で生きることさえできなくなります。過去にこだわったまま犠牲者意識にとどまっていれば、内なる声はクリアに聞こえないのです。

こうしたこだわりを解き放って自由になる方法があります。こだわりの原因となっている、自己中心的で、収まらない怒り、羞恥心、自分や他人への軽蔑の念などを捨てることができれば、心を開いて自分の周りの壁をなくし、目に見えない障壁も取り除くことができます。

心の中に葛藤があるのは、エゴによるミー・バブルの中に閉じこもっているからです。それがわかるにつれ、すべてのものとひとつになるには、許しが何よりパワーのある大切なカギだということもわかってきます。

過去の傷という荷を下ろそう、重荷の責任は自分にもあると受け入れられれば、第六感は不思議なほどはっきり伝わってくるようになります。自分を傷つけた人を許すたびに、心と魂や、そこから伝わってくるはずのメッセージを遮っている壁から、石がはがれ落ちていきます。

そして、1つの許しが終わったと思ったら、自分では忘れていた心の中に秘められた不満が表面化することもあります。ゴブリンには、過去の傷を繰り返し思い出させて、あなたを泡の中に閉じ込めておく方法など無数にあるからです。

5つ目のカギである「許し」についてよく考えながら行動に移すことは、一生続くプロセスでもあるでしょう。許し続けるのは難しいと思うかもしれませんが、それでも続ければ必ず変化が訪れます。

私たちの心は許すことで開かれるので、許しが第六感をクリアに受け取るカギとなるのです。

傷ついた心のサイクルから抜け出す

自分は犠牲者だという気持ちがアイデンティティにまで入り込むと、自分は犠牲者だと木霊《こだま》する声につきまとわれることになります。

自分が正しいと思い続けては憤慨して、自分を傷つけ続ける短剣を捨て去れば、自由という光へと導かれるのです。すると、何か大変なことが起こるのではないかという恐怖心も捨てることができます。苦難に思った経験も自分の一部であり、つらく痛い思いをしたからこそ見えることもある、すべては地上で真実を学ぶための豊かな教材だと思えるようになります。

何かが欠けているからこそ完全なのだと、人生をありのままに受け入れられるようになると、第六感の声がクリアに聞こえるようになります。

許すことを忘れてしまうと、自分が傷ついた経験が姿を変えて何度も日常に現れては、人生という織物に織り込まれてしまいます。

それに、こうした傷は、まるで水に入れた毒が広がるように、出会う人をも傷つけます。自分の心の状態が他人の心にも影響を与えるので、それが傷ついた気持ちであれば、お互いが一人きりで孤独に墓の中に入っているような気持ちになるのです。

やがては葛藤で物事が見えなくなり、自分の泡の中にとどまってしまい、つねに泡の中から外の視線を感じ続けることになるでしょう。

ＤＶＤプレーヤーの中に入っている映画を入れ替えて、まったく違う映画を観るように、ミー・バブルという限られた空間を開いて、泡の外にあるものを取り入れようとするかどうかは、あなた次第なのです。

エクササイズ

❶日記にあなたを傷つけたと思える人をリストアップしてください。

❷❶でリストアップした人物に、自分にとって重要だと思う順に、順番をつけていってください。

例えば、父親、3年生のときの担任、あるいは自分自身など、誰が一番、心理的に、肉体的に、感情的に、金銭的に、あなたを傷つけましたか？

❸リストアップした人たちを一人ひとり、もし許せたらどうなるかイメージしてみてください。そして、許すのに心の中で抵抗がある場合には、その理由も書き記してください。彼らを許すには、何が必要ですか？　それもリストアップしてください（例：「私は幼い頃、父にぶたれました。私が父を許すには、父に直接会って許す勇気が必要です」「ジョーが私の兄からお金を盗んだので、彼が大嫌いです。でもこのネガティブな感情を解放しなくてはならないので、自分が彼を許すことを受け入れる必要があります」）。

❹もし許せたら、自分がどれだけ強くなれるか、どれだけ道徳的な行動がとれるか、他人への理解や寛大さがどれだけ大きくなるかをリストアップしてください。

❺許したときに、どんな感情になりましたか？
周りに対するとらえ方や、自分自身に何が起こりましたか？

❻絶対に許せないことがありますか？　それはなぜですか？
答えたことをよく考えて、自ら進んで許す強さを求めて祈りましょう。

❼「愛」は何を生み出すかを自問自答してください。

❽誰かから許してもらった経験を5つ挙げてください。あなたとの関係にどんな変化があったかを記してください。そして、あなた自身がどう感じたかも書き入れましょう。
許した後に残ったものは何でしたか？　あなたは何を学びましたか？

❾自分の人生に対して、自分にどんな責任があると思いますか？　10個リストアップしてください。

❿自分が犠牲になったと思ったことがあれば、自分がどんな立場だったか思い出してください（客観的な視点でとらえてください、このエクササイズの目的は、誰かを責めることではなく、人生で自分が関わった立場や役割について、振り返って明確にとらえ直すことです）。

⓫自分の責任を投げ出してしまったときのことをリストアップしてください。

⓬あなたの短所を挙げてください（例：「私は付き合っている相手をコントロールしようとする」「人から興味を持たれたいがために他愛ないうそをつく」「私は食事のときに、食べきれないほど取ってしまう」）。

⓭あなたはどのように人を傷つけてきましたか？　自分が傷つけたり、あなたが頭にきた、あなたがうそをついた人をリストアップしてください。リストを見て、どう感じますか？　あなたに今できることは何でしょう？

⓮償《つぐな》うべき人をリストアップしてください。相手がしたことにはこだわらず、直接謝りましょう（例：あなたがお金を誰かから借りていて、まだ全額返していないなら、その人に「少しずつ返していきます」と宣言して実際に返済しましょう。無礼だとあなたが文句を言った銀行員に謝りましょう。自分がうそをついていると気がついたら、どんなにばかばかしいことでもすぐに本当のことを言い直しましょう）。

ここでは、自分の意識を浄化しようとして、逆に誰かを傷つけることもあるので注意してください。

⓯他人や自分を許したら、どういう感じがしたか書き留めてください。

⓰自分が傷つけた人たちに自分の責任をどう説明するか、どう償うかが、「許し」というカギとどういう関係にあるか説明してください。

実際に、相手にあなたの責任を説明して償うと、どう感じましたか？

20章 第6のカギ◆静寂

静寂のある場所とは、第六感が聞こえる場所です。

心の中に静寂の場所があると、いつでもメッセージを受け取ることができます。

心の中の静寂のある場所にたどり着くのに、実際に静かな場所が必要なわけではありません。

魂とアクセスできる心の静寂を見つけ出すには、忙しすぎる日常を離れて静かな場所に行くのも大切ですが、一度心の中の静けさを体験したら、いつでもどこでもその状態になれるようになります。日常を普通に送りながら、いつでも宇宙にチャンネルを合わせて、第六感をクリアに受け取ることはできるのです。

静寂のある場所とは、少し離れた場所から自分を観察する内なる心が働いている状態です。

第六感の声を聞くために平穏を求めるのは、日常の騒音に網を投げるようにして騒音が消えたら、知るべきことを示してくれる「全知全能」の存在へとつながれるからです。それは私たちの意識からずっと離れたどこかではなく、ミー・バブルの中にいる自己中心的なエゴの意識を超えたところにあります。ですから、瞑想することで自分という境界線や意識を外し、もっと偉大な宇宙へとアクセスして、聖なる知恵や、神の待つハイヤーセルフにつながります。

自分の中の静寂のある場所を訪れれば訪れるほど、周りがどんなに混沌としていても、どんなに心が曇っていても、必ずたどり着けるようになります。とはいえ、きちんと練習を重ね、静寂の場所にアクセスできるようになっても、気持ちに混乱があれば、それを解放しなければなりませんから、そんなに簡単なことではありません。

何しろ私たちの生きる世界は、互いに干渉することで成り立っている、決して静寂な場所ではありません。だからこそ現代社会のどんなに混沌とした中でも自分の静寂の場所にたどり着けるようにならなくてはいけないのです。

ひと呼吸するなどしてゆっくりと静かな時間を思い出し、魂が私たちの中にあること、聖なる命の輝きが自分の内にも外にもあることを確認しなくてはならないのです。

喧騒の中で自分を見失わないよう、日常を離れて静寂の時間を持つことがとても大切です。静寂の場所を見つける方法はいくつかありますが、瞑想や祈りが基本的なものであり、瞑想や祈りを行うにふさわしい場所が見つけられれば、より静寂を感じられるでしょう。

私が静寂の場所を求めるときには、リラックスできるように水のそばで瞑想や祈りを行うことにしています。人によっては心地いい椅子に座る、砂の上を歩く、教会の椅子に座るなど、いろいろな方法があるかもしれません。深呼吸をしながら、周りの生命エネルギーが意識から薄れてくるにつれ、内なる自分に集中することもできます。

静寂を持とうと思えばいつでもどこでも持てるはずであり、ゴブリンの声と本物のハイヤーセルフからの声とを区別できるようになっていきます。

私にとっての祈りと瞑想は、意識して聖なるものへと明確につながることであり、つまりは第六感の声を聞くことなのです。あなたもそこにつながることができる人生が始まったと思うようになれれば、いつでも聖なる存在、自らのより高い次元のパワー、宇宙の知恵、神を意識することができるのです。

騒がしい雑踏の中に心の平穏を見出す力

静寂の時間を持ち、神を意識した日々を過ごすようになると、日常がより管理しやすくなります。たとえ心の中のゴブリンが癇癪《かんしゃく》を起こしても、すぐになだめることができますし、湧き上がってくる問題にも、健全で素晴らしい、創造的な観点から臨めるようになってくるのです。ゴブリンが完全に姿を隠すわけでなくとも、静寂の中で希望と聖なるものの存在を感じることでゴブリンを眠らせておくことができます。

静かな湖のほとりを歩いているとイメージしてみてください。やわらかい空気の中をスローモーションのように歩くと、かすかに光る湖の水さえ、やわらかく静かに感じます。まるで太陽が優しく愛を込めて、湖面をゆっくりなでているような風景です。

少しだけ、周りの静けさに意識を向けてみましょう。

自分が受け入れられ、必要なものは何でもあるとイメージしてみましょう。

頭の中であれこれ考えるのをやめてみると、平穏な気持ちになれませんか？

今度はその同じ湖を風の吹く日に散歩しているとイメージしてみましょう。湖の水は騒がしく波立って岸に激しく打ち寄せ、あたりは生命の躍動感で静けさとは無縁になります。それでも、荒々しい自然の一見混沌とした中で、物事は創造されていくのだという法則を思い出させてくれるでしょう。それより何より、人の平穏は神や聖なる存在に見出すことができ、それを自分の外に求めても見つからないことがわかると思います。雑音や騒音を消して自分の弱さを受け入れ、自分の中にある本当の強さを手に入れるべきなのです。

私たちの平穏を見つけ出す力が試されるのは、静かで優しい安全な場所でも、人里離れた修道院や砂漠の中の隠れ家のような場所でもなく、どんなに騒音がしていても静かで小さな声を聞き取ろうとする日常においてなのです。人生はある一瞬、嵐の日の湖のように大荒れになることがありますが、次の瞬間には静かになることもあり、物事はつねに変化しています。ですから、安全な場所を求めるのであれば、外の世界ではなく心の中の静寂にこそ求めるのが大切なのです。

自分に合う瞑想法を見つける

平穏な場所を心の中に見つける方法はさまざまありますが、私は瞑想が一番効果があったように思います。私の場合、もともと瞑想が好きだったわけではなく、むしろ初めの頃はかえって混乱してしまい、とても心地悪くなるというのが出発点でした。

実際、精神統一を目的とする瞑想を紹介されたときには、まるで興味が持てませんでした。生まれたときからいつも興奮状態だった心身を静めるのは、私には難しかったのです。

あるとき、観念的瞑想法を行う男性から瞑想教室に誘われたことがあったのですが、最初は不安で頭の中がいっぱいになってしまい、パニックになりました。すぐに私には合わないと感じ、自分に合う瞑想法を探そうと、チベット仏教の寺院に行ってみたり、教会に行ってみたりしましたが、結果は同じでした。瞑想中、私の心はゴブリンだらけになって騒がしくなるばかりで、会ったこともない親戚まで心に浮かんでくる始末でした。

けれども何かを始めなくてはと私が見つけたもの、それが声によって誘導する誘導瞑想法でした。初めはシャクティー・ガーウェインの『クリエイティブ・ビジュアライゼーション』という本から録音された彼女のやわらかい心休まる声に集中して瞑想を行いました。するととても効果があり、落ち着いてリラックスできたのです。

すると思わぬ効果でしたが、第六感にアクセスするのも、いくぶん簡単になりました。それからは誘導瞑想法を祈りの時間に加えて日課にし、第六感を他人のために使うときにも行うことにしました。

瞑想が難しいと感じたことのある人は、ぜひ瞑想CDを聴きながらやってみてください。特に、瞑想を始めたての頃にはとても効果があります。

流れる音楽に波の音が入っているのが助けになると気がついた私は、一番好きな海の音がBGMで流れる環境音楽を瞑想に用いています。

もう1つ、瞑想と同じぐらい効果があるのは、呼吸をゆっくり数えることです。

「スピリット」という言葉は、ラテン語で「呼吸をする」という意味の「spirare」から派生したものです。数を数えながら息を吸ったり吐いたりするたびに、自分にとって大事なのはまずは魂であり、次に人間として生きていることだと意識でき、心の静寂がもたらされます。ゆっくり、平穏な時間を日常に見つけ出せれば、本当の自分に近づき、きちんと呼吸もできるようになるのです。

静寂の中では、自分が一体どこにいて、これからどこに進めばいいかがわかります。訓練を積めば、さほど苦労しなくても静寂を味わえるようになってきます。

どの音を聞き、どう感じ、どこを見ればいいかがわかれば、答えは降ってきます。そして、答えが見つかったとき、たとえどんなに世の中がつらく感じられても、自分の「家」は自分の中にあることがわかるのです。

静寂の中で第六感とつながることができるのですから、日常で何が起こったとしても、それらをありのままに受け入れる姿勢を崩さずに、自らの静寂の中に平穏を見出すことができるようになるでしょう。

エクササイズ

❶静かで落ち着いた時間を持てていますか？　日記に、静かな時間を持てる理由、あるいは持てずにいる理由を挙げてください。

❷美しく、静かな場所を思い浮かべましょう。

そこはどんな場所ですか？　あなたが静寂だと思う場所には何がありますか？

❸頭を空《から》にして、考え事もすべて頭から追い出しましょう。さまざまな思考をまるで川を流れる木の葉のように流してしまいましょう。流してしまえたら、どのように自分のためになるかリストアップしてみてください。

❹毎日、少なくとも15分は瞑想の時間をつくると決めてください。1か月間、瞑想をしたときも、できなかったときも記録しましょう（これは効果をわかりやすくするためのものです）。瞑想できた日と、できなかった日の違いに注目してみましょう。その違いを書き留めておいてください。

❺静寂な状態で、神に導きを求めましょう。静寂とは、つまるところ「聞くこと」なのです。静かにしているとき、頭の中で何を聞いていますか？　何らかのメッセージが聞こえてきたら、書き留めておきましょう。どんなことがあっても、最善に向かって進めるように導きを求めましょう（例：たとえあなたが一文無しになっても、銀行強盗をしなさいと第六感で感じるはずはなく、ジムに電話をかけたら、あなたがつける仕事を知っているはずだと感じるでしょう）。

❻瞑想を進んで学びましょう。書店に行って、瞑想について書かれた本に目を通し、面白そうなものがあれば、その本を必ず最後まで読むと決めて買ってください。

❼第六感を取り戻すにはなぜ瞑想が有効なのか、その理由を挙げてください。自分の第六感にアクセスすると何がもたらされますか？　あるいは、第六感にアクセスしなければ、何がもたらされますか？（例：「もし自分の第六感を閉ざしたままであれば、周りになじみ、普通の人だと思ってもらえる」）

21章

第7のカギ✦愛

愛は、第六感を取り戻す過程をスムーズにしてくれます。

というのも、愛は、私たちを分離する壁を溶かして、無限のつながりと、万物への感謝と尊敬の念をもたらすからです。この「愛」というカギについては、まずよく考え、感じ、そして愛とともに生きていけるようになることが必要です。

私たちの頭脳は自分の経験を分析するものであり、誰かを思いやる経験から生まれる愛は心に詰まっています。愛があれば、私たちは恐怖からも、ミーバブルの中に自分を閉じ込めておくようなことすべてからも解放されます。

愛とは、無条件にすべてを受け入れてひとつになって、互いに共有することを意味します。愛とは親切な行動であり、そして思いやりは愛とともに生まれて、私たちの中にいるゴブリンを平穏な気持ちにして眠らせます。心の中のゴブリンは、たとえあなたから理解されたとしても、それだけで十分ではなく、ケアしてこそ解放されるのです。

愛は、第六感を遮る、他と切り離された感覚や、自己中心的なエゴがもたらす束縛を解放します。愛は、人と人の間に生まれるものだけではなく、1つの「悟り」の次元です。

本来、愛には、一般的に使われる単に二人の間のロマンティックで主観的なものや、ときに相手を本能的に所有したいと思うような気持ちなどよりずっと大きな意味があるのです。

重要な意味を持つ愛とは、最高レベルの自分になるべく心を開いて、自分自身にも他人にも無限のつながりやそうなる可能性があると意識することであり、すべての生物や物にある潜在的な可能性を最大限に理解して支えながら、尊敬することでもあります。

これは、そんなにたやすいことではありません。私たちは個人主義の時代を生き、いつ戦争が起こってもおかしくない、貧困が世にはびこるような場所に生きているのです。人種差別、宗教的相違、経済と生態系のアンバランスな世の中では、幻とはいえ、自分の泡の中にいたほうがいい理由がたくさんあります。

そこで、私たちが愛することができたら？　それも無条件にすべての人を愛せたら何が起こるでしょう？

権力に影響を与えられるような変化を引き起こせたとしたら？　この先どんな世の中になるのでしょう？

行動に移す価値が本当にあるのでしょうか？　犠牲になるものは？　手に入れられるものは？

愛するには、私たちは泡の外に出さなくてはならず、その結果、傷つくこともありますが、人間全体の苦しみを共有し、その苦しみに対する責任感が人と人とをつないでくれます。その代償は大きいかもしれませんが、結果的に得るものは大きいのです。

愛があれば、すべてはひとつの存在だという創造の聖なる法則にのっとった「根源の意識」に目覚めることができます。これはすべてに当てはまり、私たちの最も高い次元にある精神的存在は、本質的に「愛」でできています。そう考えると、苦しみを乗り越えて幸せになる権利が、地上で生きるものすべてにあるのだと思い出すことができます。

愛こそ、答えなのです。愛だけが現実であり、他のものは幻想にすぎません。

愛することに集中すれば奇跡も起こせる

第六感は、私たちが忘れることなくより大きな存在につながるために生まれながらにして持つ能力であり、互いの異なる点を数え上げる代わりに、自分自身と同じく他のすべてが貴重だという感覚を取り戻すためのものです。

自分と他者を比べて争うのではなく、相手のアイデンティティを認められるようになります。愛を心で感じることができれば、私たちは生命の多様性を受け入れ、祝福できるのです。これはたやすいことではありませんが、不可能でもありません。少しずつでいいのです。

愛することに集中していれば、人生はより順調になり、頭で考えて生まれる恐怖から解放され、奇跡も起こすことができます。

第六感を使えるようになると、何の偏見もなく情報を受け取ることができますから、その情報の意味もクリアにわかります。私たちの周りにあるフィルターも、愛をもとに行動していれば、濁ることがはるかに減っていきます。

第六感と心には密接な関係があるのは間違いありません。心を自分自身やスピリットに対して開けば、チャンネルを魂FMにきちんと合わせられるようになります。

第六感を取り戻す道筋とは、宇宙との無限のつながりにチャンネルを合わせることなのであり、いったん第六感という能力を取り戻せば、意識的に目的を持って神にもコンタクトができます。

エクササイズ

❶日記に、愛の定義とそれがどう役に立つのかを書き留めてください。

❷恋愛における愛の特徴をリストアップしてください。

❸親の子への愛、子の親への愛について書いてください。

❹人や動物への愛について説明してください。

❺それぞれの愛の違いは何でしょう?

❻なぜ、そのような違いが生まれるのでしょう?

❼神が愛の存在なら、あなたにとって神はどんな意味を持ちますか?

❽無限のつながりについて考えるとき、愛は「すべての根源」としてどんな役割を果たしていますか？　それが、私たちが互いにどう接するかということと、どんな関係がありますか？

❾愛にチャンネルを合わせると、あなたの恐怖心に何が起こりますか？

❿ふとしたことで人に親切にしたのはいつですか？　そのとき、どう感じたか書いてください。

⓫毎日、自分の名を明かさず、誰かに親切にすると決めてください。例えば、ご近所のごみを誰にも言わずに片づけるとか、コーヒーを買う列に並んだ自分の後ろの人に1杯おごるなどです。親切をした後、あなたがどう感じたかを書き記してください。

⓬自分のしている差別について考えてみてください。どうして、そんな差別をするのですか？　自分以外の人を自分と同じには思えませんか？　そう思えたとしたら、どんな気持ちになりますか？

⓭快適な椅子に座るか、お気に入りの場所に座って、目を閉じてください。息をゆっくりと深く吸い込み、深く息を吐いて、深呼吸を15回繰り返してください。

意識を自分の心臓の中心に持っていって、息を吸うたびに宇宙にある愛をすべて吸い込んでいるとイメージしてください。吸い込んだ愛をあなたの体の細胞1つひとつまで染み渡らせて、満たしてください。

次に、自分の心臓が、誰かに愛を送り出す特別な送信機だと思い描きます。すべての生き物、石、葉、無機物など宇宙にあるものすべてはエネルギーでできているのですから、それら全部に向かってこのパワフルなエネルギーを送り出してください。どんな感覚がしますか?

その感覚を書き留めてください。

⓮毎日、チェックしてほしいものがあります。一日中、自分の心の中心をのぞいてみましょう。

自分が心を開き、愛し、周りへと自分が広がっていくのを感じますか? 心ががっちり固まっているのと比べて、何が起こっているでしょう?

自分の心の中のゴブリンを解放しなくてはならないことが起こったときは、少し休んで、時間をかけてゴブリンをなだめて眠らせてください。自分が愛と慈悲を持ったとき、どう感じるかを書き留めてください。

22章　あなたに眠る第六感を発見する実践

ここでは、第六感を取り戻すのに役立つエクササイズを紹介します。私が立案したこのエクササイズは、人気の直観力を育てるセミナーで基本的なエクササイズとしても行っているもので、あなたの中に眠る第六感発見の手助けをしてくれます。

私もこのエクササイズを毎日行っていますが、実践してみれば、本当の自分に出会い、今まで五感で受け取っていた以上のものを感じられるようになっている自分に驚くことでしょう。心を開き、偏見なく、我慢強く学ぶ姿勢を忘れないでください。

このエクササイズは、まず自分にとっての聖なる場所をつくることから始めて、次に自分の中の聖なる祭壇に出合えるようになるよう、書いてある順番通りに行うのが最も効果的です。

心の中で聖なる祭壇をいつでもつくれるようになったら、次のステップに進みます。次のステップは必要に応じて、いつ、どこで、何度行っても大丈夫です。

自分の聖なる場所をつくる

第六感を取り戻す瞑想の前に、神聖な環境づくりをすることが大切です。プライバシーを守れる安全だと感じる場所で、少なくとも30分間は誰にも邪魔されることのない空間をつくってください。

そうした場所で瞑想することは、心の中にも安心して落ち着ける場所をつくる手助けとなりますから、必ず自分の聖なる場所で毎日の瞑想を行ってください。そうすることで、混乱せずに今という瞬間に存在できるようになります。

また、ぜひ瞑想用の音楽を流して行ってください。瞑想用の音楽は、曲を決めたほうがいいでしょう。その曲が、自分が開けたいと思う心のドアを開くきっかけとなり、メッセージを伝えてくれる第六感にアクセスしやすくなります。

瞑想用の音楽にふさわしいのは湖や海のリズミカルな波音が入ったものですが、その他にもたくさんあります。

どんな曲でもかまいませんが、痛みや不快感をやわらげてくれるような音楽にしてください。ドラムが入っている曲なら、同じリズムを繰り返すもののほうがいいでしょう。そしてキャンドルを灯し、アロマ（香油）を焚《た》きます。座る椅子や部屋を決めて、毎日、同じ場所で行うようにしましょう。毎日同じ場所で瞑想することで環境に慣れ、集中しやすくなっていきます。

心に聖なる祭壇を思い描いて瞑想する

瞑想をする際は、必ず心に聖なる場所をイメージすることが大事だと強調しておきたいと思います。心に聖なる場所を思い描くことが、第六感を取り戻す瞑想に必要なのです。というのも、あなたが第六感で受け取った情報はその聖なる祭壇を通って伝わってくるので、第六感のラジオにきちんとチャンネルを合わせるためにも聖なる祭壇をつくる作業が不可欠なのです。

自分にとっての聖なる場所に楽な姿勢で座り、深呼吸してリラックスしてください。その日一日に起こったことを、白い光の泡に包んで浮かべ、すべてを流してください。

次に、自分がクリスタルでできたなめらかな石の歩道を歩いていると想像します。小さな白い光の玉が目の前に浮かんでくると、あなたに後をついてくるようにと告げます。夢のような海岸の砂浜、あるいは古くからある森のそばの谷間にある滝など、自然あふれる中の道を歩いていく自分を思い描きます。

深呼吸をしているあなたの周りに、きらめく白い光があふれています。その光を息を吸うたびに吸い込み、息を吐くたびにあなたの中の暗いネガティブなものを吐き出しましょう。

しっかり呼吸をしながら、心の中にあるあなたの聖なる祭壇を訪れます。そこには、あなたとあなたの守護天使、そしてエネルギーの高いスピリットだけが訪れることができると思ってください。その場所では、あなたは安全で、魂は周りから伝わってくるものを受け取り、リラックスして心静かにすべてとひとつになれるのです。

これがあなたの聖なる祭壇です。目を閉じて、聖なる祭壇をしばらく堪能しましょう。深呼吸してリラックスし、心が平穏であることを確認しましょう。15分ほどしたら目を開けて、どんな感じがしたかを味わいます。

自分の聖なる祭壇を訪れるたびに、日記をつけて変化があれば書き留めておきましょう。週に1度、日常で抱える問題と何かしら関係があるかもしれないパターンがないかチェックしましょう。自分の聖なる祭壇に慣れるため、最初の1週間はそこを訪れる瞑想を最低でも15〜30分は行ったほうがいいでしょう。

落ち着くためのエクササイズ

グラウンディング・エクササイズ

座り心地のいい椅子に座って、地面をしっかり両足で踏みしめてください。

目を閉じて、呼吸を意識します。息をするたびに、自分を光で満たし、息を吐くときに体の緊張をすべてほぐします。この姿勢で、呼吸がゆっくりと落ち着くまで5分ほど繰り返します。

椅子に座った自分の体が重くなるのを感じてください。背骨の付け根と足の裏から伸びた根が、地球の中心に向かって伸びていくのをイメージしましょう。

心の中の「目」で、地球から生命エネルギーを吸うイメージを持ち、そのエネルギーを体の中や細胞の隅々まで行き渡らせてから、エネルギーを地球に戻してください。

地に足がついた落ち着いた感覚、私たちすべてをつなぐ生命エネルギーとひとつである自分を感じてください。地球とすべての生き物の中にある聖なる知恵に感謝をして愛を送り、どんな感じがするかを確かめてください。

気づきを受け取るチャンネルを開く

第六感からの情報を受け取るのに最も効果的な、心、体、魂のエネルギーを送り出す、チャクラと呼ばれる場所を開いて浄化する瞑想法があります。

東洋哲学に基づくチャクラを開く瞑想は、本来はヨガの修行法の1つであり、肉体と精神を訓練して聖なる存在との一体化を目指すものです。

永遠に意識が広がる7つのチャクラは、脊椎の付け根から頭頂部まで縦に並んでいて、回りながらエネルギーを紡ぎ出す輪のイメージで描かれます。7つのチャクラにそれぞれ対応する、7つの色と西洋音楽の7音階があります。

内なる目覚めを促すには、チャクラを活性化させると大きな効果があります。

気づきを受け取るチャンネルを開く、チャクラによるイメージトレーニング法を紹介しましょう。

座り心地のいい椅子に座ります。足を広げて地面につけ、深呼吸をしながら30まで数えます。

心の中の聖なる祭壇を見つけ、自分がつくった聖なる場所に慣れてください。

あなたに向かってまっすぐに虹色の光が差してくるイメージを持ちましょう。明るい赤、オレンジ、黄、緑、青、紫、白い色の光を見つめて、1つずつ順に輝く光で自分を包み込みます。

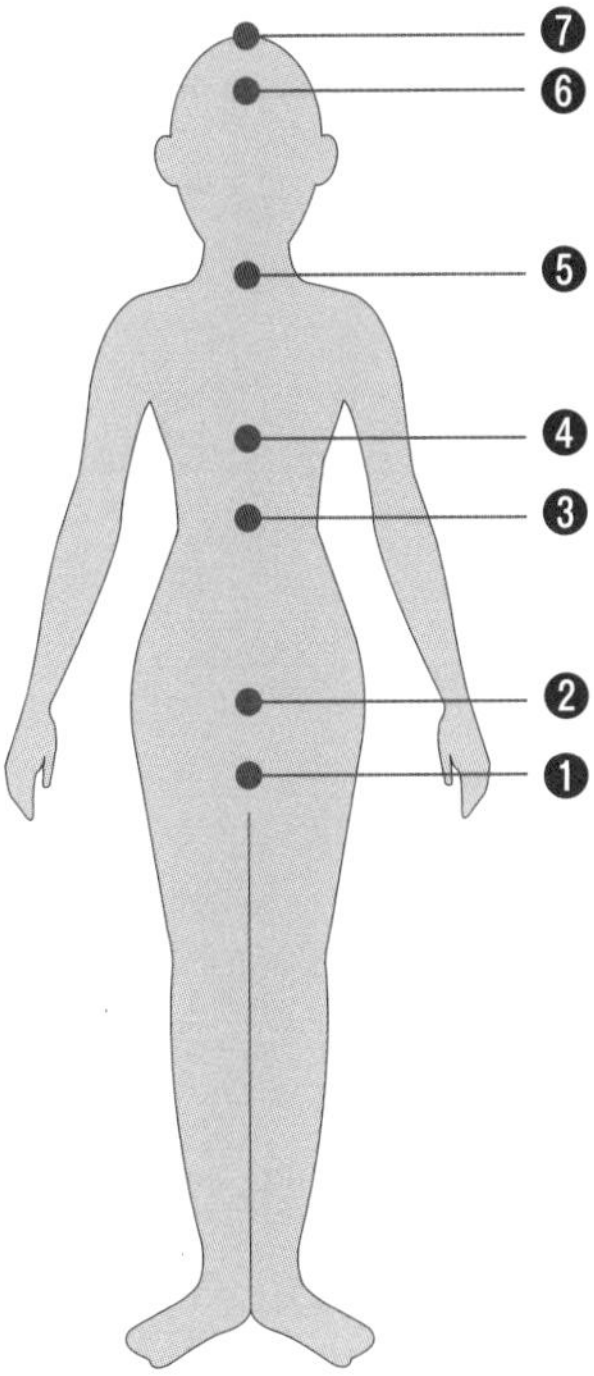

❶…第1チャクラ（脊椎底部）
❷…第2チャクラ（へその下）
❸…第3チャクラ（太陽神経叢）
❹…第4チャクラ（胸）
❺…第5チャクラ（のど）
❻…第6チャクラ（第三の眼）
❼…第7チャクラ（頭頂部）

❶赤：自分の周りに渦巻く赤い光をイメージし、赤い光の輪を吸収して脊椎底部までおろします。

❷オレンジ：自分の周りに渦巻くオレンジの光をイメージし、そのオレンジ色の光の輪を吸収しておへそのすぐ下に下ろします。

❸黄：自分の周りに渦巻く黄色の光をイメージし、脈打つその光をみぞおちのすぐ下にある太陽神経叢《そう》まで引き込みます。

❹緑：渦巻く緑色の光で自分の周りを囲み、美しくきれいな緑色の光で自分を包んだら、その光を胸の中心にあるチャクラに吸い込んでください。

❺青：渦巻く青い光で自分を囲み、輝く青い光をのどのチャクラまで吸い込みましょう。

❻紫：渦巻く紫の光で自分を囲み、その明るく光る紫の光を額のチャクラに吸収しましょう。

❼白：渦巻く白い光で自分を包み、光を体全体に通してから、その光を頭頂部にある白く輝くチャクラに持ち上げましょう。

虹色の光に感謝を捧げて、目を開けます。

このエクササイズを行うたび、それぞれの光の色で感じたことを書き記しておきましょう。どんな感じがしますか？　何かイメージが浮かびますか？　何か感情が湧き上がってきましたか？　何か音がしましたか？

エクササイズを始めて数週間は毎日瞑想を行うのが理想的ですし、色によって感じることに気をつけてみましょう。

このエクササイズを行う理由は事前に説明しないことにしていますが、それはまず自分で体験してから、自分の第六感をどう解釈するかを知ってほしいと思っているからです。

第六感は、五感とは同じ法則で働いていないことや、いわゆる勉強というかたちの知的な手法では探究できないことを忘れないでください。ですから、私はこのエクササイズでは、普通とは逆にまず経験してから学ぶという手法をおすすめしています。

どうか自分が今まで信じてきたことをいったん忘れ、周りの世界を違った感覚でありのままに受け止めてみてください。

リーディングの準備として行うエクササイズ

次に紹介するのは、第六感から情報を集めるためのエクササイズです。私は、このエクササイズをリーディングの準備として、自分や大事な人の周りで起こることについて、目に見えないヒントが欲しい場合に行います。

ネット・エクササイズ

リラックスして目を閉じ、先に「グラウンディング・エクササイズ」（211ページ参照）を済ませます。

次に、エネルギーでできたネット（網）が丸く巻かれて自分の手の中にあるのをイメージします。それから、思考、口に出された言葉、行動など、すべての記憶で満たされた海の真ん中に自分が立っているとイメージします。

過去、現在、未来、すべてで起こる可能性のある原因と結果が不思議な魚の姿となって、海の底に沈んでいる宝物の間を泳いでいるとイメージします。この気づきの海に向かって、エネルギーでできたあなたのネットを投げ入れてください。

それから、そのネットを引き揚げて何がかかっているのか、ネットの中を確認しましょう。第六感の発する言葉を理解するのに時間がかかることもありますから、何も見つからないとすぐに判断しないようにしてください。

第六感からのメッセージは、イメージ、数字、映像、感情的な出来事、太陽神経叢などチャクラで感じる感覚、あるいは内なる声や音として瞬間的に伝わってくることもあります。出合ったことを日記に記し、エネルギーのネットで受け取ったメッセージの意味と自分の外の世界とがどう関係しているかを観察します。

人間関係と神秘の魂のエクササイズ

❶日記を使って、自分とハイヤーパワー（より次元の高い力）、あるいは神との関係を探ってみましょう。その関係が日常生活にどう影響しているかわかりますか？

❷あなたには神がどう見えていますか？　聖なる存在はどこにいますか？　神はあなたの中にもいますか？　それともあなたの外だけに存在していますか？　自分が神をどうとらえているかを書き留めてください。

❸初めて神について知った場所はどこですか？　神について、どう教えられたか、覚えている限りの記憶をたどって書き留めてください。

❹その聖なる存在とあなたの関係がどう変化してきたかを思い返します。何の変化もなかったとしたら、その理由を書き込みます。

❺あなたは祈りを捧げていますか？　どのように捧げていますか？　祈りに何を求めていますか？

❻天使やスピリットガイドといった存在を信じますか？　その理由を書いてください。

❼自分の第六感との関係を探ります。あなたは自分の第六感を信用していますか？　その原因

になっている出来事について説明してください。

❽あなたには信仰心がありますか？　それは、あなたにとってどんな意味がありますか？

❾信仰心を行動に移すには何が必要ですか？

❿信仰心の表れであるもの、信仰心のある人について書いてください。それらや彼らにはなぜ信仰心があるのでしょう？

⓫自分の家の宗教の教えとの確執で悩んでいるなら、聖なる存在への道筋はたくさんあるということを、あなたのスピリチュアル・ライフにどう取り入れていったらよいでしょうか？他の人の信仰にも心を開いてそのまま受け入れつつ、自分の信仰にも高潔な気持ちが保てるでしょうか？

⓬第六感は、生まれながらに与えられた自分の一部だと受け入れられますか？

⓭無限に広がる場所へとアクセスできる能力とは、あなたにとってどんな意味がありますか？

⓮無限の現実とアクセスできる能力を使う際、個人の責任とモラルとは何でしょう？

⓯「心を開いたままにしておく」ことは、あなたにとってどんな意味がありますか？

⓰よりよい世界をつくる手助けに、あなたは何をしようと思いますか？

［著者］
コレット・バロン-リード（Colette Baron-Reid）
全米で有名な直観能力者、セミナー講師、作家。シルビア・ブラウンやジョン・ホランドとともに講演を行っており、その優れたサイキック能力と気さくな人柄で人気が高い。著書に、『直感能力者が伝える人生の真実』（PHP研究所）、『魔法の王国オラクルカード』『伝説の王国オラクルカード』（ステップワークス）などがある。

［訳者］
島津公美（しまづ・くみ）
大学卒業後、公立高校英語教師として17年勤務。イギリス留学を経て退職後、テンプル大学教育学指導法修士修了。訳書に、『ザ・シフト』『ダイアー博士の願いが実現する瞑想CDブック』『思考のパワー』（いずれもダイヤモンド社）などがある。

第六感に目覚める７つの瞑想CDブック
宇宙からの情報を受信する

2015年３月19日　第１刷発行

著　者——コレット・バロン‐リード
訳　者——島津公美
発行所——ダイヤモンド社
〒150-8409　東京都渋谷区神宮前6-12-17
http://www.diamond.co.jp/
電話／03･5778･7234（編集）　03･5778･7240（販売）
装幀————浦郷和美
カバー画像—©Switch32 a.collectionRF/amanaimages
CDナレーション—瀬乃加奈子（シグマ・セブン）
CD音源制作—露木輝（ログスタジオ）
CD音源編集—磯部則光（ペニーレイン社）
編集協力——野本千尋
DTP制作——伏田光宏（F's factory）
製作進行——ダイヤモンド・グラフィック社
印刷————勇進印刷（本文）・加藤文明社（カバー）
製本————本間製本
編集担当——酒巻良江

ISBN 978-4-478-02092-0

◆ダイヤモンド社の本◆

幸せとチャンスが実現する
10分間瞑想CDブック
聴くだけで自然にできる7つの瞑想
ウィリアム・レーネン〔著〕
伊藤仁彦　磯崎ひとみ〔訳〕

山川紘矢さん、亜希子さん、推薦！　朝起きた時、夜眠る前、バスタイム、家事をしながら…通勤電車、ランチタイム、散歩をしながら…すきま時間に実践できて効果の高い瞑想を世界的サイキックのレーネンさんが紹介！

●A5判変型上製●CD2枚付●定価（本体2000円＋税）

聴きながら眠るだけ
幸せになれるドリーム瞑想CDブック
眠りながら超意識に誘う瞑想CD＆シンバラカード付
ウィリアム・レーネン〔著〕
伊藤仁彦〔訳〕

常識や価値観を重んじる脳の働きが抑えられ、自分の直感やフィーリングの導きにオープンになれる夜の眠りの時間を使って魂の成長のスピードを速める方法があります。質の良い眠りに導いてくれるCD付。

●四六判並製●CD付●定価（本体1600円＋税）

聴くだけで内なるエネルギーを高める
ダイアー博士の
願いが実現する瞑想CDブック
本当の自分に目覚め、心満たされて生きる
ウエイン・W・ダイアー〔著〕
島津公美〔訳〕

ダイアー博士が毎日の瞑想に使用しているサウンドCD付き！　潜在意識に正しく強く働きかけることで、あなたの内にあるハイエストセルフが求める人生を知り、本当の願いを叶える「5つの実践」を紹介します。

●四六判並製●CD付●定価（本体1800円＋税）

手放し、浄化し、再生する瞑想CD付
不安や恐れを手放す瞑想CDブック
感謝と喜びに生きるトレーニング
ソニア・ショケット〔著〕
奥野節子〔訳〕

人生を今すぐ高められる心の技術を実践すると、毎日が、思いもよらない贈り物や、わくわくするチャンス、恵み、深い魂のつながりにあふれた日々に変わる！　あなたの人生を再評価してアップグレードするためのCD付。

●A5判変型並製●CD付●定価（本体2000円＋税）

オーブは希望のメッセージを伝える
愛と癒しの使命をもつもの
クラウス・ハイネマン
グンティ・ハイネマン〔著〕
奥野節子〔訳〕

写真に写る「光の球体」は私たちとコミュニケーションし、大切なメッセージを伝えようとしています。オーブ研究の世界的権威が解き明かした、高度に進化したスピリットが伝える、あなたと全人類へのメッセージ。

●四六判並製●定価（本体1600円＋税）

http://www.diamond.co.jp/